# 松本平の御柱祭

太田真理

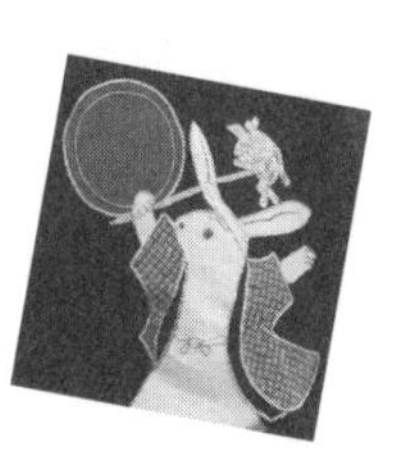

鳥影社

# 松本平の御柱祭

## 〈神社紹介〉

※神社の識別がしやすいように通称を用いています。

## 1　大和合（おおわごう）神社（松本市入山辺大和合）

## 祭神　建南方刀美命（たけみなかたとみのみこと）

拝殿と一之御柱

里曳き　やまと

里曳き　宮入り

建御柱

＊ここが見どころ

① 山辺谷の中で最上部にある神社。

② 御柱は、里曳き当日特別に設置される御柱専用の「笹鳥居」から境内に入る。

③ 例大祭のお船祭には、曳き船と、諏訪大社下社のお船に似た担ぎ船がある。(お船曳行は御柱年以外の4月29日)。

【御柱祭】

山出し　前年4月29日

里曳き・建御柱　4月29日

## 2　宮原神社（松本市入山辺宮原）

## 祭神　建南方刀美命（たけみなかたとみのみこと）

拝殿

日陰御柱里曳き　出発子ども木遣り

日向御柱里曳き

境内からの美ヶ原

＊ここが見どころ

① 里曳きは、午前は薄川左岸の「日陰御柱」、午後は右岸の「日向御柱」を曳く。建御柱とは日を分ける。

② 里曳きでは、通過する集落の境に差し掛かる度に木遣りを奉納。

③ 山辺谷で唯一、子ども木遣りがある（令和５年度は中止）。

【御柱祭】

山出し　前年、里曳き　４月中旬、建御柱　４月29日

## 3　橋倉諏訪神社（松本市入山辺橋倉）

## 祭神　建南方刀美命（たけみなかたとみのみこと）

幣拝殿と一、二之御柱

一之御柱里曳き

二之御柱里曳き

二之御柱里曳き

＊ここが見どころ

① 氏子35戸で祭りを守る。故に町会の結束が固く入山辺地区の運動会では優勝の常連。

② 里曳きの仕上げは、神社まで急勾配の山肌を曳き上げる。

③ 山城林城との関係が深く、本殿に城主小笠原氏の紋「三階菱」が刻まれている。

【御柱祭】

二の御柱里曳き　4月上旬

一の御柱里曳き・建御柱

4月29日

## 4　須々岐水神社（松本市里山辺薄町）

## 祭神　建御名方命、素戔嗚命

鳥居、拝殿（奥）

一之御柱里曳き

二之御柱里曳き

建御柱

**＊ここが見どころ**

① 「人を見るなら諏訪御柱、仕度見るなら三之宮、須々岐水神社は木遣り節」と唄われる木遣り。

② 御柱の新規建替えは二本。それまでの一之御柱を四之御柱へ、二之御柱を三之御柱へ建替え。

③ 社宝「薙鎌」あり。御柱年は４日に例大祭のお船祭(例年は５日)、５日に御柱祭を連続して見られる。

**【御柱祭】**

山出し２月～３月

里曳き・建御柱　５月５日

## 5　林千鹿頭（ちかとう）神社（松本市里山辺林）
## 祭神　千鹿頭大神（ちかとうのおおかみ）

本殿

曳き綱を外す

建御柱

**＊ここが見どころ**

① 神田千鹿頭神社と山の尾根上で隣り合う。元松本藩領。第二位・第三位の御柱を建てる。御柱は男作り（山辺谷の様式）。

② 山辺では唯一、長持行列がある。

③ 地区東方に国史跡林城跡がある。御柱はその大城と小城に挟まれた大嵩崎地区から曳き出す。

**【御柱祭】**

山出し　前年春

里曳き・建御柱　５月３日

長持

## 6　神田千鹿頭神社（松本市神田）
## 祭神　千鹿頭神

本殿

伐採

山出し 切呼

里曳き

## ＊ここが見どころ

① 林千鹿頭神社と山の尾根上で隣り合う。元高島藩領。第一位・第四位の御柱を建てる。御柱は切り株を残し水平伐採。

② 絶えず御柱の上から「お頼みだー」と掛け声をかける「切呼（きりこ）」。

③ 華やかな金襴の陣羽織姿の木遣り衆の木遣り。平成29年から女性も参加。

**【御柱祭】**

山出し・里曳き　前年春、御柱大祭・建立祭　5月3日

## 7　沙田（いさごだ）神社（松本市島立）

## 祭神　彦火々出見尊（ひこほほでみのみこと）、豊玉姫命（とよたまひめのみこと）、沙土煮命（すひぢにのみこと）

拝殿

里曳き　ご祝儀木遣り

建御柱　胴突き唄

折口信夫歌碑
「志まだちのむらのこどもはあそべども
卯としまつりをことごとにまねぶ」

＊ここが見どころ

① 御柱は、地面すれすれに伐採し根を大きく見せる「ラッパ型」。
② 柱ごとに異なる法被のデザイン。
③ 多様な木遣り唄。建御柱の際の胴突き唄は、松本平で唯一。

【御柱祭】

山出し　４月下旬
里曳き・建御柱　９月下旬

# 8　小野神社（塩尻市北小野）
## 祭神　建御名方命（たけみなかたのみこと）

拝殿

遷座祭

一之柱山出し

神鉾社

## ＊ここが見どころ

① 信濃国二之宮。矢彦神社と小川を隔て隣り合う。「綺羅を見るなら小野御柱」。

② 御柱は赤松の黒木。断面が三角形になるように冠落し。

③ 境内に神鉾社(おぼこ)という古代祭祀の地と伝わる磐座がある。

### 【御柱祭】

山出し 3月、式年遷座祭 4月下旬、里曳き・建御柱 5月3～5日

## 9　矢彦神社（上伊那郡辰野町小野）

祭神　正殿　大己貴命（おおなむちのみこと）　事代主命（ことしろぬしのみこと）

副殿　建御名方命（たけみなかたのみこと）　八坂刀賣命（やさかとめのみこと）

神楽殿と一、二之柱

拝殿

一之柱山出し

三之柱山出し

## ＊ここが見どころ

① 信濃国二之宮。小野神社と小川を隔て隣り合う。「綺羅を見るなら小野御柱」。

② 御柱は樅で皮を剥ぐ。冠落しはしない（断面が円）。

③ 拝殿の見事な立川流の彫刻。

**【御柱祭】**

山出し　3月、式年遷座祭　4月下旬、里曳き・建御柱　5月3～5日

# 松本平の御柱祭　目次

# 第一部　松本平の御柱祭

# 一章　須々岐水神社の御柱祭

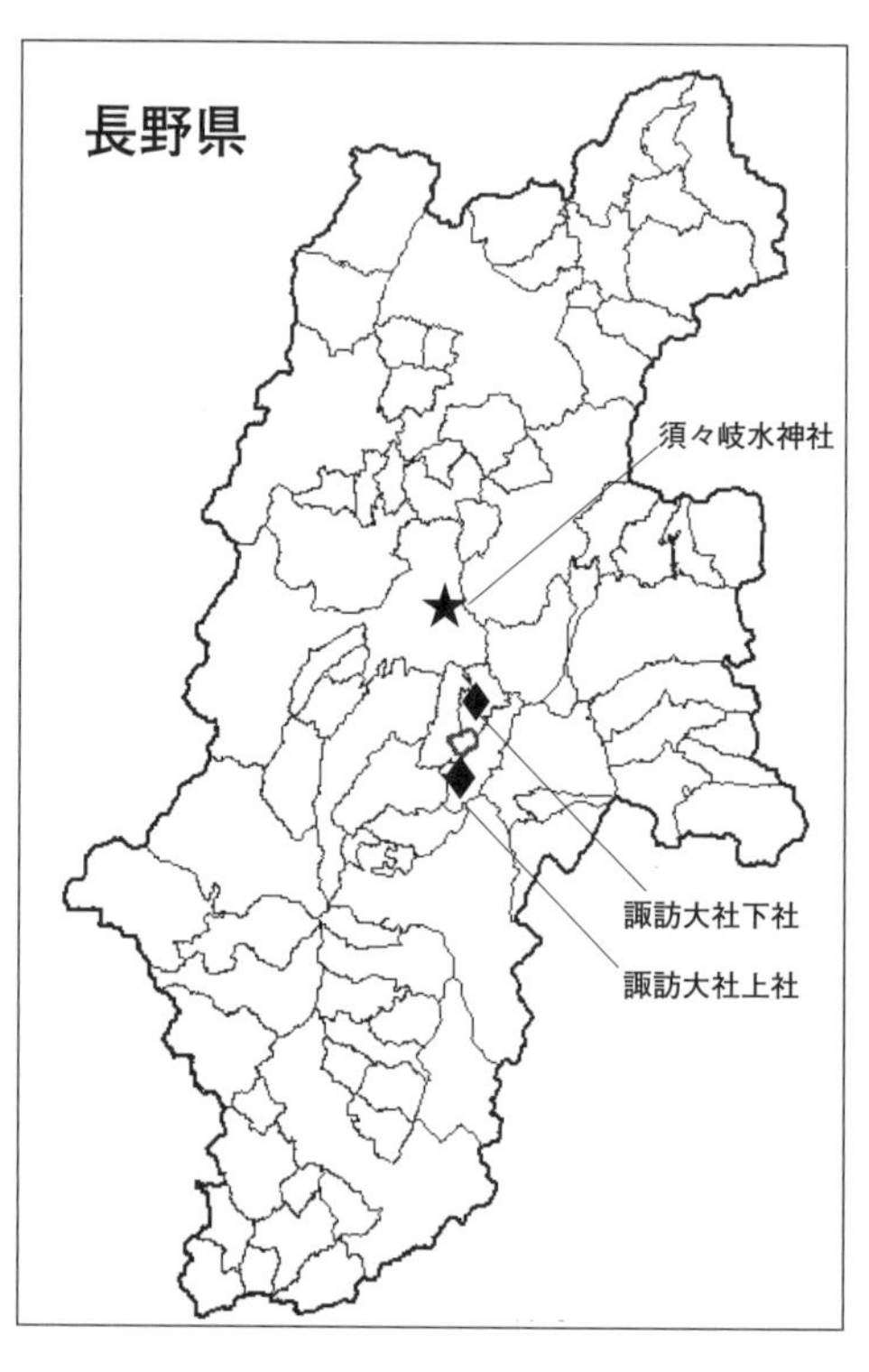
長野県
須々岐水神社
諏訪大社下社
諏訪大社上社

## 一　はじめに

須々岐水神社（通称薄の宮）は、長野県松本市の東部、美ヶ原高原の麓を流れる薄川のほとり、里山辺地区に位置する神社である。毎年五月にお船祭と呼ばれる例大祭が行われるほか、七年に一度（卯、酉年）御柱祭が行なわれている。このたび縁あって、平成二十三年須々岐水神社御柱祭の斎行状況を調査する機会を得た。本章はその調査をもとに、須々岐水神社御柱祭の実態を記録に留めることを目的とする。

## 二　松本平の御柱祭概要

「天下の奇祭」として全国にその名を知られる諏訪大社〈信濃国一ノ宮〉の御柱祭は、正式には「式年造営御柱大祭」（通称「御柱祭」または「御柱」）という[1]。七年に一度（数え年で七年め、実際には六年に一度）寅と申の年に宝殿を新築し、社殿の四隅に建てた樅の大木を建て替える祭である。これに倣い諏訪地方では、「小宮」と称する、各地区に点在する鎮守、氏神、産土神など大小様々な神社でも、主に同年八月〜十月に、各小宮の氏子による御柱祭が行われる。それぞれの神社の規模や事情に応じ、それぞれの日程、作法による御柱祭が行われている。山あいのふとした斜面や個人の畑中にある小さな祠にまで、それに見合った大きさの御柱が建てられているのを目にすることも多い。他にも、飯田、伊那、上田、長野など信州の各地域で、同じ年の内に御柱祭を行う。

同じ信州でも、塩尻から松本平にかけての地域では、諏訪大社の御柱祭の翌年（卯、酉の年）に御柱祭が行われる。主なものは次の通りであり、須々岐水神社もこれに含まれる。

○小野神社・矢彦神社〈信濃国二ノ宮〉（塩尻市北小野／上伊那郡辰野町小野―両地区の境に、神域を隣接して祀る。）

○沙田神社〈信濃国三ノ宮〉（松本市島立）[2]

○千鹿頭神社（松本市神田／松本市里山辺林―両地区の境〈千鹿頭山の尾根〉に、社殿を二分し隣接して祀る。）

○松本市薄川流域の四神社（須々岐水神社―松本市里山辺、大和合神社、宮原神社、橋倉諏訪神社―以上松本市入山辺）

このうち諏訪大社に次ぐ信濃国二ノ宮である小野神社・矢彦神社、信濃国三ノ宮ともいわれる沙田神社の御柱祭は、「人を見たけりゃ諏訪御柱、綺羅を見たけりゃ小野御柱（あるいは、三ノ宮）」とも言われ、諏訪の御柱の勇壮さと見物人の多さに対し、法被など、衣装のきらびやかな様子が特色とされる。管見によれば、沙田神社の御柱祭に関しては記録写真をまとめた刊行物が出版されている[3]。しかし、その他の地区の御柱祭となると近年では、木下守氏による松本山辺地域の神社と沙田神社の御柱についての報告、調査領域を諏訪の小宮、小野の御柱に拡げその地域性についてまとめた牧野真一氏の論文があるほかは、ほとんど調査が及んでいないのが実情であるといえよう[4]。

祭の伝承についてはその多くを口伝に頼っており、祭の由来、意義、挙行状況の把握と継承のためにも、祭の現況を記録しておくことは必要な作業であると考える。次節から順を追って、須々岐水神社の御柱祭について、諏訪大社上社との比較も交え記していく。なお、祭の用語については、付帯資料「須々岐水神社御柱祭関係用語集」にまとめたのでご参照願いたい。

## 三　須々岐水神社について

須々岐水神社は、松本市の東部、美ヶ原高原の麓、薄川の右岸に位置している。

薄川は美ヶ原高原を源とする一級河川で、松本の市街地へ流れ下り、数々の河川と合流、やがては信濃川となって日本海に注ぐ。須々岐水神社のある辺りは、薄川が作る扇状地の中央部であるが、川の水を利用して早くから水稲耕作が行われた。稲作ができない土地では、古代には牧が開かれ、近代に入ってからは葡萄の栽培が盛んになった。

須々岐水神社鳥居、拝殿（奥）

神社の名が初めて文献に登場するのは、『日本三代實録』である。貞観九（八六七）年三月十一日辛亥の条に、「信濃國正二位勳八等建御名方富命神進階従一位。（略）正六位上梓水神。須々岐水神並従五位下。」とあり、それまで正六位であった須々岐水の神が、梓水の神とともに従五位下に位階が上がったことを記している。これにより創始が平安時代初頭に遡ることは確認できる。[5]

須々岐水神社の由緒については、宮司である上條家所蔵の文書に次のようにみえる。[6]

太古古原（コバラ）ノ地ニ諏訪明神ヲ祀レル社アリキ
ソハ現在ノ本社ヨリ南方凡一町ノ地点ニシテ
現今古宮（フルミヤ）ノ在ル所ナリ　傳ヘ云フ往昔松本平
ノ盆地一円ノ湖水ナリシヲ神ノ力ニ依ツテ排
水ノ作業行ハレ水ヲ越海ニ瀉（スス）ギ人民ヲシテ其
居ニ安ンゼシム　時人其徳ヲ尊ミ須々岐水ノ

神ト奉称シ此ノ地ニ神祠ヲ立テヽ是ヲ祀レリト
次ニ前記薄川ノ上流三里有餘ノ地ニ穂屋野ト称スル所アリ　此所ニ古クヨリ鎮座シ給ヘル社ヲ薄宮大明神ト称シ出雲ノ神即チ素戔嗚命ヲ祀レリ

（中略）

後出雲ノ神薄川ニ沿ウテ下ルコト三里餘今ノ薄畑ノ地ニ移ラル　時人是ヨリ旧址ヲ呼ンデ大明神平ト云フ　今ノ奥宮ノ在ル所ナリ
薄畑ノ地ニ移リ給ヘル薄ノ宮ハ治水ニ功アリシ須々岐水ノ神ト其祀ヲ接シタリシガイツシカ混ジテ一社トナリシヲ後更ニ現地ニ移シ奉ル　今ノ須々岐水社即是ナリ
故ニ今日ニテハ祭神建御名方命 合殿 素戔嗚命ニマシマス又本社ヲ須々岐水社ト唱ヘ或ハ薄ノ宮ナド称スルハ此故ナリ

これによると、「須々岐水ノ神」は元々土地の水神であったものが「諏訪明神」として祀られていた。これに対し、薄川上流「穂屋野」の地に祀られていた「薄宮大明神」と称する出雲の神（素戔嗚命）が薄川を下って「薄畑」に移り、やがて現在の地に合祀されたのが現在の須々岐水神社であるという。[7] 諏訪の神である建御名方神は、日本神話の「国譲り」の時に出雲から諏訪（州羽）へ移ってきた神であるから、その祖神素戔嗚命と結びつくことに矛盾はない。素戔嗚命を主人公とする八俣の大蛇退治の説話で大蛇の来襲を川の氾濫と捉え、それを退治した素盞嗚命が治水の神とされたことと、水神である「須々岐水ノ神」とが自然に結びついたものと考えられよう(8)。

「穂屋野」という地名も、『信濃地名考』に「諏訪郡三才山神戸(ガウド)の東八ヶ嶽の麓の原をほや野と云　又筑摩郡松本の東薄水の神のいます處を保也野と云」とあることをはじめ、秋に神を山におくりススキの穂で小屋を葺いたり神に供えたりする諏訪大社下社の御射山(みさやま)祭との関連が指摘されている(9)。古来、諏訪大社と霧ヶ峰高原を経由しての繋がりがあったことがうかがわれる。

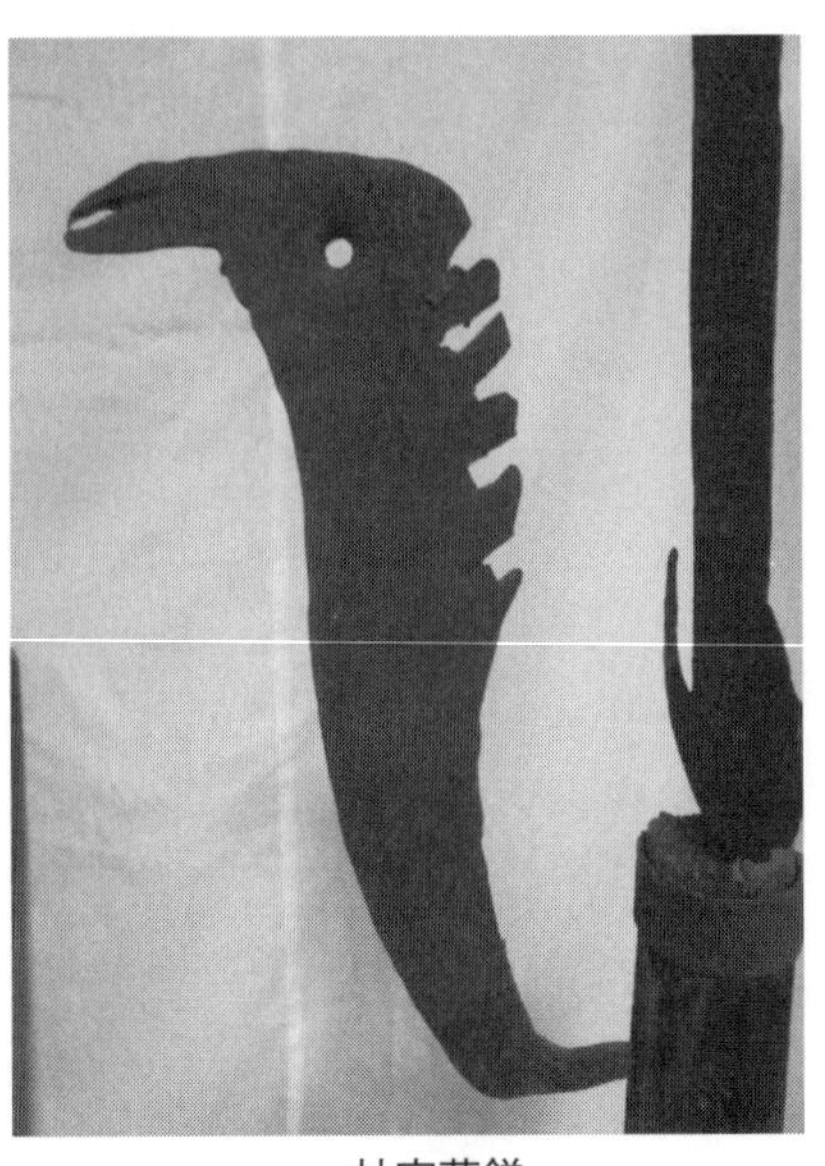
社宝薙鎌

また須々岐水神社には、宝物として「薙鎌矛」が伝わっていることも、諏訪系の、御柱祭斎行神社の所縁として見逃せない。「薙鎌(なぎかま)」は五点あり、いずれも長さ一～一・五mほどの矛の柄に打ち込まれた状態で保存されている(10)。小型で蛇の頭のようなもの、やや大きめで鳥の頭かタツノオトシゴのような形をしたものなど形も大きさも様々である。他に和釘も二点ある。神社に伝わった年代、由来、用途などはいずれも未詳とのことであるが、詳細な調査が行われれば何か明らかになることがあるかもしれない。

太古「須々岐水ノ神」が祀られていたという「古原」と呼ばれる社地には現在、須々岐水神社の「古宮」が祀られている。[11]「穂屋野」は現在では「大明神平」（松本市入山辺扉温泉付近）と呼ばれ、須々岐水神社「奥社」が祀られ、その来歴を伝えている。

これとは別の言い伝えによると、薄宮大明神は明神平から現在の地に遷った際に、薄の舟に乗って川を流れ下ったとされる。その際に薄の片側の葉が取れて「片葉の薄」になった、そのためこの辺りの薄は片側にしか葉が無い、という伝承がある。『信府統記』にも、「社地ノカタハラニ片葉ノ薄アリ則チ神体ト云ヒ傳フ」とあるのがみえ、神社にとっての薄の重要性がわかる。[12]境内には今でも「片葉の薄」が植栽されている。

氏子は、里山辺地区で、現在は十町会（薄町、下金井、荒町、西荒町、兎川寺、上金井、藤井、湯の原、新井、美里町）から成る。[13]

この中で、神社のお膝元である薄町は「宮本」と呼ばれ、氏子の中心的存在である。例大祭であるお船祭は、装飾的な彫刻を美しく施した船形の山車を各町会から神社まで曳行する祭で、現在は五月五日（宵祭は四日）に行われる。

御柱祭がいつ頃から行われていたかは不明である。御柱に関する記述の初見は元和元（一六一五）年十月の「薄宮御柱立人足觸状」といわれている。[14]当時の御柱に周辺の郷から人足を応援に出すようにとのお触であり、祭の規模の大きさが推測される。この他の資料からも、かつては秋に行われていたことがわかっているが、現在では卯年・酉年の五月五日と定められている。(15)御柱祭の年は、お船祭は四日に移して行われ、美里町を除く九町会が参加する。(16)

## 四　須々岐水神社の御柱祭概要

須々岐水神社の御柱祭について記すにあたっては、諏訪大社御柱祭の次第とどのように繋がり、どのように異なっているか興味を引かれるところである。諏訪大社上社の御柱祭次第に関しては近藤信義氏に詳細な実地調査に基づく論文がある。(17)そこで本報告では、この論文を参考に、諏訪と対照する方法で須々岐水神社の御柱祭の特色を明らかにし、考えていく手がかりとしたい。

祭神については、〈表1〉の通りである。須々岐水神社が諏訪大社と同じ建御名方命に加え素盞嗚命を祀っていることが興味を引く。これは前述したように、治水の神としての素盞嗚命と、須々岐水神社の祖神が川の神であったことが関連するものといえよう。

〈表1〉

| 神社名 | | 祭神 | 所在地 |
|---|---|---|---|
| 諏訪大社上社 | 本宮 | 建御名方神 | 諏訪市中洲 |
| | 前宮 | 八坂刀売神（やさかとめのかみ） | 茅野市宮川 |
| 諏訪大社下社 | 春宮 | 建御名方神、八坂刀売神、八重事代主神（やえことしろぬしのかみ） | 下諏訪町下之原 |
| | 秋宮 | 建御名方神、八坂刀売神、八重事代主神 | 下諏訪町上久保 |
| 須々岐水神社 | | 建御名方命、素盞嗚命 | 松本市里山辺薄町 |

次に、祭で建立される御柱については、それぞれ〈表2〉のような特色がある。

〈表2〉

| | 諏訪大社上社 | 須々岐水神社 |
|---|---|---|
| 御柱の本数 | 四本 | 四本 |
| 建替えの本数 | 四本 | 二本（古御柱一・二を三・四に建替え） |
| 素材 | 樅 | 杉、松（近年はほとんど杉材） |
| 長さ | 五丈五尺（一の御柱、以下五尺落ち） | 五丈五尺（一の御柱、以下五尺落ちが原則。現在は、二は一よりも若干短くする） |
| 太さ | 目通り（目の高さ）約三メートル | 目通り約一・六メートル |
| 木の表皮 | 剥ぐ（白木） | 剥ぐ（白木） |
| 木作り | 地面近くで水平に伐り倒す | 根ごと掘り出し根を残す（男作り） |

諏訪大社、須々岐水神社ともに御柱の数は四本で変わりはないが、諏訪大社上社では、

①六年ごとに四本の御柱全てが建て替えられる。

②一つの地区が一本の御柱を供出。どの御柱を供出するかは厳正な抽籤によって決定される。

と定められているのに対し、須々岐水神社では、①については、四本の柱のうち二本の柱のみ新しい木材で建て替えられるという違いがある。三、四は、それまで六年間建ててあった一、

二の柱の根元の部分から建御柱の際に根元を突き固める時に使う「根槌」を切り出したうえで、上部を約七トメル残し、三、四の御柱として建て替える。その際、一の御柱を四の御柱、二の御柱を三の御柱とする。これを「うら御柱」と呼ぶ。「うら」は、「裏」とも「末」の意ともいわれる。これにより、一本の御柱は六年に加えてもう六年、合計十二年間御柱としての役目を担うのである。本来は諏訪大社と同じく四本の建て替えであったと推測されるが、いつ頃から二本ずつになったのかは不明である。

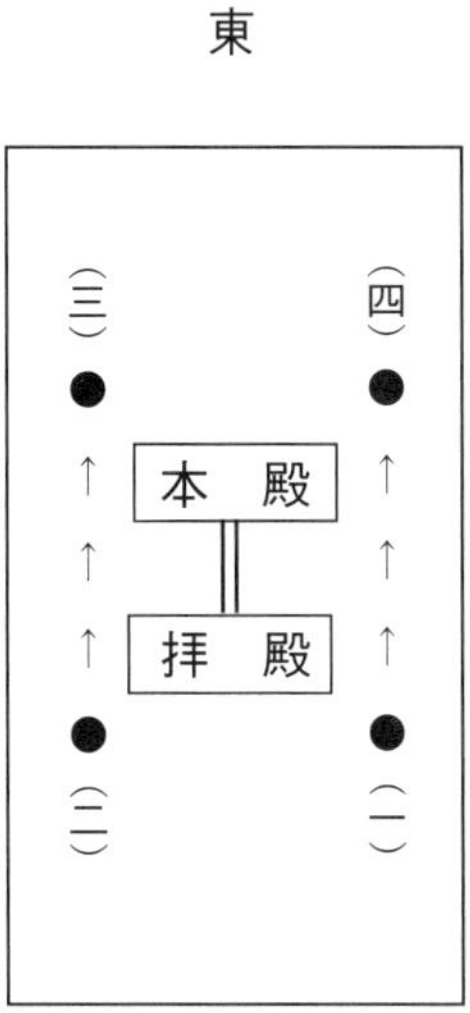

東

(四) ● ↑ ↑ ↑ ● (一)

本　殿

拝　殿

(三) ● ↑ ↑ ↑ ● (二)

②の須々岐水神社の御柱の供出および祭の奉仕については、氏子の十町会が二つに分かれ、それぞれ一、二の柱を共同して建て替えにあたる。

一の御柱　　薄町、下金井、荒町、西荒町、兎川寺

二の御柱　　上金井、藤井、湯の原、新井、（美里町）

一、二のグループの中では、薄町、上金井を親郷（おやごう）と呼び、両町会は各御柱の中心的役割を固

定的に担う。そのうえで、一、二を統合した全体の仕切りは宮本である薄町が行う。また、それぞれの御柱を担当する地区グループ内では、祭に関わる諸事（拝礼や木遣りなど）を為す場合、必ず右記の順序で行う。里曳きの際、御柱に付く位置や役割も町会毎に決まっており、そのしきたりは堅く守られている。

各町会で祭の担い手の中心となるのは、各町会の「青年」（基本的に十五〜三十歳男性）であり、その長を「年長」とよぶ。[18] 御柱祭のまとめ役としては、氏子総代とは別に「御柱総代」が選ばれ、各方面との調整を含め祭にかかわる一切をまとめあげる。年長も、「御船祭年長」とは別に「御柱年長」が選出される。これに壮年（三十一歳以上男性）、町会役員、婦人会、子ども会などが協力して祭の運営に携わっている。

これに対し、祭の進行の中心となるのは、各町会の推薦により選出される「ゆき頭（がしら）」である。神社からも各町内からも独立した存在として、御柱の伐り出し、山出し、里曳き等一連の行事を先導し、建立を見届ける。

ゆき頭の「ゆき」は、小型の斧「よき」のこの地方での呼び名である。かつては「そーま（杣）さん」と呼ばれる林業に関わる家業の者がご神木の伐採に携わったことから、現在の役目を担うことに繋がっていると考えられる。現在でも、山林を所有したり、山林の保守や木の取り扱いに詳しい人であったりすることがゆき頭の重要な条件となる。各町会の推薦によって依頼・決定され、神社からも各町会氏子からも独立して祭の一切を取り仕切る役目を負う。祭の作法は、口承・見習いで代々受け継がれている。二の御柱では、祭の継承のために、すでに次世代、次々世代のゆき頭候補を選び、現ゆき頭のもとで経験を積むようにしている。また今回、一の御柱ではゆき頭に決定していた方が祭の前年に亡くなるという不幸があったが、こうした時は近隣の御柱祭挙行地区のゆき頭を頼んで代行してもらうという、相互扶助的な関係がある。

次に、御柱の用材の違いについてである。諏訪大社と須々岐水神社の御柱の用材の違いは、地域の山林の状況の違いによると考えられる。かつては松が用いられたこともあったが、松は脂があって重く、真っ直ぐなものが少ないため、最近では杉を用いることが多い。千鹿頭神社では落葉松も用いているそうである。

御柱の木作りにも特徴がある。表皮の扱いは、諏訪大社、矢彦神社、須々岐水神社を含め薄川に沿った各神社が皮を剝ぐ白木作り、小野神社、沙田神社などが皮を剝がない黒木作りである。また、御柱は根元を先頭に曳行するが、根元の作り方にもそれぞれ特色がある。諏訪大社では上社、下社とも地面近くで水平に伐り倒される。そのため、伐り口はスッパリとした断面を見せ、根はついていない。須々岐水神社の場合は、根を地中から掘り出し太く残す。これは「男作り」と呼ばれる木作りの方法で、沙田神社、千鹿頭神社、入山辺大和合神社、宮原神社なども同様である。根元を残すことで細い用材でも大きく見える効果があると考えられ、荒々しくも、木の生命力を感じさせる作りであるといえよう(19)。そればかりでなく、この木作りの方法は、『古事記』の天の岩屋の条に、……天の香山の五百津真賢木を、根こじにこじて、上つ枝に八尺の勾璁の五百津の御すまるの玉を取り著け……

とある記述とのつながりを指摘できるのではないか。「根こじ」にするとは、木を根こそぎ掘り取ることで、ここでは「天の香具山の立派な榊の木を根こそぎ掘り取って上の枝に勾玉を取り付け」て神事を行い、天宇受売命が神懸りをする場面を描写している。このような「根こじにこじ」あるいは「こず（掘る）」の例は、『日本書紀』『万葉集』等の上代文献にも例が見られることから、神事に用いる木材の形としては、根から掘り起こすことが奈良時代以前にも行われていた古形であることが確認できる[20]。

御柱の長さは、かつては須々岐水神社においても諏訪大社と同様に一の御柱が五丈五尺（約一六・五m）、以下二、三、四は順に五尺（約一・五m）落ちとされていた。現在は、二の御柱は一の御柱よりも長からず・太からずという原則にしたがいゆき頭が尺竿を以て測り伐採する。

根元には、「ねじそ」（藤の蔓が用いられる[21]）を通し曳き綱を固定するためのめど（穴）が開けられる。曳き綱を固定する部分は、面取りし、平らに削る。曳き綱は、十二個のとち（頭に環のついた釘）と麻縄で幾何学的な模様を描きつつ美しく取り付けられる。そこは里曳きの際、人が立って木遣りを披露し、曳行時には人が乗る足場となる。

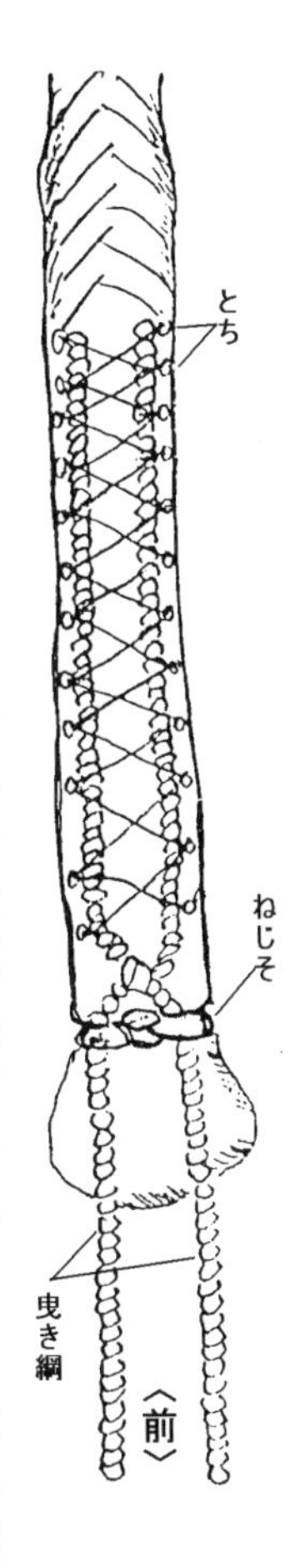


（金井清水編『平成五年御柱祭記録』中の図をもとに一部改変）

御柱祭の準備は、祭の前年から始まる。最初の打ち合わせのための寄り合いは五月頃、以後御柱の仮見立てに始まり、当年の山出し、里曳き、建御柱まで、長い祭の期間が続く。

なお、平成二十三年度御柱祭の特別な事情として記しておくべき事柄がある。祭直前の三月十一日に起こった東日本大震災である。これを承け、三月十四日には緊急役員会議が開かれた。日本国中を揺るがす大惨事が起こったばかりの時に、そのまま祭を行うことの適否を問うものであった。しかし、そのような時であるからこそ、犠牲者を慰め被災者を励ます気持ちをこめて祭を行い、神に祈ることは意義があるとして、予定通り斎行されたのであった。里曳き当時、藤井の二の御柱置き場近くの「クラインガルテン藤ヶ原」は、一時避難所として被災者の方々を受け入れ福島から避難した方々が居住中であったという縁もあった。この合議の結果は、後述するように木遣りの詞にも反映された。

祭の行事の詳細は、須々岐水神社、一の御柱、二の御柱、それぞれについて順に次節以降で述べていくことにする。

## 五　須々岐水神社神職の御柱祭への関与

宮司の上條氏によると、今まで宮司は御柱祭当日まで行事に携わることはなかった。宮司は基本的に祭のために境外へ出ることはないのが原則である。「崇拝は強制するものではなく、神社は氏子によって支えられるものである」との立場から、「氏子の皆さんが納めてくださった御柱が、立派に建立された由を神前にご報告することが役目です。」とのお話であった。（この年は二の御柱の木倒しに際して祝詞をあげることを依頼され現地に出向いたが、これは例外的な出来事であった。）

御柱の前年七月頃に、御柱祭を挙行する町会が社務所に集まり、来たる年に祭を行い御柱を奉納するか否かを相談する氏子町会の全体会合が開かれる。この時に、氏子が「奉納する」旨の申し出をし、神社が受諾するというのが、祭の開始であり最初の儀式となっている。これ以後は、里曳当日二本の御柱が神社に到着した際や、境内で行われる建御柱の行事において修祓（しゅばつ）を行うほか、無事に御柱が建立された後、報告祭を執行する以外、神社としての行事は行われない。納められた幣束は、本殿内部に祀られる。こうしてみると、御柱祭は氏子のお祭であるともいえよう。

## 六―㈠　御柱見立て～里曳き前日〈一の御柱〉

須々岐水神社の一、二の御柱は各々五月五日の建御柱に向かって行事を進めていくが、互いに相談したり共同したりすることは殆どない。それぞれの日程としきたり・手順によって粛々と準備を進め、他方の行事について見聞きすることもないとのことである。この節では、里曳き前までの様子を一、二の御柱に分けて記述する。それぞれの行事の流れがわかるように記す都合上、重複する事項があること、同じ内容でも一、二によって用語の違いがあることをお断りしておく。なお六―㈡の後に、諏訪大社（上社）、須々岐水神社に加え、一、二それぞれの行事の進行の様子を比較できるよう表にまとめた。〈表3〉

一の柱は、主に薄川左岸の里山辺地区内および入山辺地区の山林から供出される。この年は、林の山林二ヵ所、入山辺の南方（みなみがた）の山林一ヵ所の三本の杉の木が候補にあがった。御柱祭前年の平成二十二年八月二十九日に担当町会の年長、御柱総代、町会長らにより、御柱の候補木の下見である「仮見立て」が行われた。林は、実は須々岐水神社の氏子ではない。付近で同じく御柱祭を行う千鹿頭神社の氏子である。しかし、須々岐水神社一の御柱の担当町会は薄川の扇状地上に広がっており、山林地形ではないため自前での御柱供出が困難である。そのため、近隣の山林からの提供を求めている。御柱は、この他に里山辺大嵩崎（おおつき）、入山辺舟付（ふねつけ）などの山林からも選ばれることがある。御柱を供出する献木者を「木元」というが、木元となることは大変名誉あることと考えられているため、快く供出に応じてくれる場合が多いという。

この仮見立てを承け同年十月頃に「見立て」が行われる。この年は十月三十一日に行われ、林町会広澤寺(こうたくじ)山南東の北斜面にある樹齢八十〜百年ほどの個人所有の杉の木が、正式に一の御柱に選ばれた。選ばれた杉の木には注連縄が張られる。

これに続き十一月に入ると、「結納」が行われる。今回は七日であった。結納は、ご神木を譲り受けるための木元への挨拶にあたり、人の婚礼と同じ様式で行われる。須々岐水神社御柱祭では、山で育った木を神（須々岐水神社）の嫁に見立て、山から神社へ「お嫁入り」すると表現する。これは、諏訪大社では「御小屋の山の樅の木は、里へ下りて神となる」と木遣りに唄われるように、御柱そのものを御神体と捉え迎えることと対照的であり、注目される。[22] この日には、各町会の年長、御柱総代、町会長らが礼服を着用して木元へ結納の品を持参する。結納品として用意するのは、金一封、するめ（三枚）、鰹節（二本）、昆布（一束）。これらを角盆に載せ贈呈し、宮本の薄町年長が口上を述べる。木元では、ご馳走を用意し大盤振る舞いをするのが習わしとなっている。

一の御柱では、この後十二月二十六日に「根掘り」が行われた。「根掘り」とは、御神木伐り出しの準備としてあらかじめ木の根元の地面を一mほど掘り下げておく作業である。本来ならば年が明けた二月頃、「山出し」の前に行われるのが恒例であるが、松本が寒冷地であることを考慮し、真冬の凍結時を避けて早めに行ったとのことであった。

　年が明けた二月下旬には、用具の準備として「綱縒り」が行われる（二十日）。御柱の前方（根元）に付けて曳く「曳き綱」二本と、後方（末方）に付ける「追い掛け綱」（「末綱（うらづな）」ともいう）一本を作る。藁縄十本と麻縄一本を束ねた綱（五七ｍ）三本を一本に縒り合わせる。長さ五七ｍの綱を三本縒りにすると長さが四〇ｍの曳き綱になる。これを二本作る。綱の太さは直径一〇㎝ほどになる。その他に後綱一本（二〇ｍ）を用意する。後綱は藁縄五本（二八ｍ）を束ねた綱二本と、藁縄四本に麻縄一本を加えた一本（二八ｍ）の三本を撚り合わせて二〇ｍの長さに仕上げる。綱の撚り方は、左撚りである。なお後綱の綱撚りと祭当日に綱を操る担当は、兎川寺町会と決まっている。

　山出しを前に、薄町により、神社鳥居の注連縄作りと御柱の「飾り綱」作りが行われる。これは宮本の仕事として一日がかりで行う。神社鳥居の注連縄は御柱の年毎に新しく架け替えられるのである。飾り綱は、置き場の御柱に凡天（幣帛）とともに飾り付けておく綱で、藁を水につけて叩いたものを撚って作る。

　三月中旬には「山出し」（十九日）、「中出し」（二十日）が行われた。山出しとは、山から御柱を伐採した後、形状を整える「木繕い」をすることである。注連縄を張ったご神木の前でゆき頭による神事が行われた後「斧入れ」となる。続く伐採作業はかつては全て斧で行われたが、現在ではチェーンソーを使用して行われる。伐採の後、ゆき頭に斧で根の形を整えてもらい（「男

飾り綱をつけ里曳きを待つ一の御柱

を作る」という）、鎌、鉈などを使って木の皮を剥ぎ磨きあげた後、曳き綱を取り付ける（木繕い）。

翌日の「中出し」とは、御柱を伐採地から里曳き当日の出発地点である置き場まで引き出すことである。ゆき頭による神事、「大和」の儀式（里曳きの節で詳述）の後木遣りも唄われ、御柱は置き場へと移動する。昔は、山出し・中出しまでを前年に行っていたこともあったそうだが、現在は一も二も当年中に行っている[23]。

四月に入ると、神社境内でこれまで社殿の四隅に建っていた御柱を倒す「御柱倒し」が行われる（三日）。古い一、二の御柱の根元からは、「根槌」が作られる。先頭部は祭当日に三、四の御柱として建て替えられる。これにより、それまで建っていた三、四の御柱は宮司のお祓いを受け、十二年間の役目を終えることになる[24]。

この日同時に、境内の石灯籠、鳥居などの保護を行うのは、一の御柱の担当である。御柱を境内に曳き入れる際、仮に御柱が接触しても倒れたり破損しないように丸太を用いて保護する。また、「足場飾り付け」も行う。足場とは、建御柱の際に使用する建て穴の背後に作る足場である。足場上部の飾り額には「一御柱」と大書し縁を杉の葉で飾る。

五月四日には、須々岐水神社の例大祭「お船祭」が行われる。例年五日に行われているものを御柱の年に限り四日に移して行われる。この日は御柱祭の行事は一休みである。

## 六―㈡　御柱見立て～里曳き前日〈二の御柱〉

二の御柱では、御柱となる御神木は、担当の各町会が輪番で供出している。この年は、藤井の個人所有の山林から、樹齢八十年ほどの杉の木が選ばれた。（次回は湯の原の担当で、すでに三本ほどの候補木があるとのことである。）

御柱の選定については、前年夏に下見が行なわれる。御神木候補の決定、注連縄張りをする「仮見立て」は前年十一月十四日であった。仮見立ては青年が行う。後日の本見立てには、御柱総代はじめ壮年なども立ち会うが、結果としては青年の見立てが優先されるということである。

本見立ての日（十一月二十八日）には、早朝から「結納」と称し木元への挨拶を行うとともに、御柱に供物をし、注連縄を張る。夕刻には、木元をはじめ御柱祭関係者を招待して「披露宴」が行われる。ご神木を須々岐水神社の神の嫁と見なし、人の婚礼と同じ様式で行うのは一の御柱と共通である。

御柱祭当年二月下旬の「山入」（御柱の伐り出し）までに、用具の準備として「綱縒り」、「采配作り」、御神木伐り出しの準備として「根掘り」が行われる。「采配」は、諏訪の「オンベ（御幣）」にあたるものである。二の御柱では青竹が使われ、一では黒竹が用いられる。諏訪のオンベより柄は長く、幣の部分は短い。幣は金、銀を含めた数色の色紙を細く切ったものを束ねて球形に形作られ、華やかに祭を彩る。

二月の下旬には一日をかけて、山から御柱を伐り出す「山入」、伐り出した御柱を里近くまで曳き下ろす「山出し」が行われる。当年は、二月二十七日に行われた。一の御柱の行事と比較すると、「山入」が「山出し」に、二の「山出し」は一の「中出し」に相当するといえる。かつては二の御柱でも中出しを行ったこともあったそうだが、現在では一日に集約している。山入では、ゆき頭による神事、斧入れ後、チェーンソーを使って伐採、「木作り」（一で言う「木繕い」）をする。このとき、木肌を剥いで磨き、御柱の先端を三角錐に整える「冠落し」も行う。（諏訪大社では、建御柱の直前に行う。）その後山出しの神事、続いて青年の木遣りとともに一気に里曳きまでの置き場まで下ろす。昔は人の手で曳き下ろしていたが、現在は安全と作業効率を考慮しクレーン、トラックを使用する。

四月初旬には、須々岐水神社でこれまで神社の四隅に建っていた御柱を倒す「御柱倒し」が行われる（四月三日）。倒した二の御柱から担当四町会分の根槌を取るのは一と同様、新しい三の御柱として用意する。

また、同日、御柱に曳き綱を取り付けるための「ねじそ」・「てこ棒」取りが行われる。「ねじそ」は、「捩粗朶（ねじそだ）」からきた語かといわれている。粗朶（そだ）とは、伐り取った木の枝を指すが、御柱では、藤などの蔓を水に浸して柔らかくし、捩（ね）じって御柱のめどに通して曳き綱を固定するものをいう。現在では藤蔓が用いられている。「てこ棒」は、里曳きの際に御柱の進む方向を定めたり、向きを直したりするために使う長さ二mほどの棒である。どちらも山に取りに行く。

五月三日には、「ねじそ付け」、「笹鳥居作り」、「足場飾り付け」が行われる。「ねじそ付け」は、御柱の置き場で御柱に曳き綱を取り付ける行事である。先頭となる根元部分に開けた「めど」にねじそを通し、曳き綱を取り付ける。取り付けた後は、その部分に塩水をかけて緩まないように締め固める。取り付けた曳き綱は蛇がとぐろを巻くようにまとめ、御幣を飾って里曳きまで置いておく。

「笹鳥居作り」、「足場飾り付け」は、須々岐水神社での行事である。里曳きの後、一の御柱は正面の本鳥居から境内に入るが、二の御柱は神社の北側の裏参道を曳行され、西北隅に作られる「笹鳥居」から曳き入れられる。笹鳥居は、祭の間だけ作られ使用される鳥居である。曳行路の事情にもよろうが諏訪大社には見られない、須々岐水神社の特色の一つである。神社境内

〈表3〉

| 諏訪大社上社御柱祭(25) | | 須々岐水神社 | | 須々岐水神社　一の御柱 | | 須々岐水神社　二の御柱 | |
|---|---|---|---|---|---|---|---|
| 前々年 S59 7・22 | 御柱仮見立て | | | 前年 H22 8・29 | 仮見立て | 前年 H22 11・14 | 仮見立て |
| 9・3 | 御柱大祭の日程決定 | | | 10・31 | 見立て | | |
| 前年 S60 6・9 | 御柱本見立て（お根鎌打ち） | | | 11・7 | 結納（木元へ挨拶、結婚式同様の結納品をおさめる） | H22 11・28 | 本見立て 結納（午前） 披露宴（夕刻） |
| | | | | 当年 H23 2・20 | 綱撚り | 当年 H23 2・6 | 綱綯り（午前） 采配作り（午後） |
| 当年 S61 2・15 | 御柱抽籤式 | | | | | | |
| 3・1 | 山之神祭、七社明神祭、火入れ式 | | | | | | |
| 3・2 | 御柱伐採報告祭、斧入れ式 | | | H22 12・26 | 根掘り | 2・20 | 根掘り |
| 4・4〜6 | 山出し祭 | | | H23 3・19 | 山出し、木繕い、曳き綱取り付け、化粧 | 2・27 | 山入（御柱伐り出し）、木作り冠落とし、山出し |
| 4・4 | 寝之神社祭 | | | 3・20 | 中出し | | |

| | 1 | 2 | 3 | 4 | 5 | 6 | 7 | 8 | 9 | 10 |
|---|---|---|---|---|---|---|---|---|---|---|
| 諏訪大社上社御柱祭 | 4・7 注連掛祭 | 4・19 古御柱お休め祭 | 5・3 御柱迎え | 5・3 御柱大祭 | 5・3~5 里曳き祭~建御柱（冠落し） | 5・6 御柱固め祭 | | 6・15 遷座祭 | 6・22 古御柱祭 | 御柱大祭終了報告祭 |
| 須々岐水神社 | | | | | 5・5 里曳き~建御柱 御柱建立引渡式 報告祭 | | 6・8 奥社御柱祭 | | | |
| 須々岐水神社　一の御柱 | | 4・3 御柱倒し、（根槌作り） 石灯籠・鳥居の保護 | 5・3 足場飾り付け | | 5・5 里曳き~建御柱 御柱建立報告引渡式 | | 6・8 奥社御柱祭 | | | |
| 須々岐水神社　二の御柱 | | 4・3 御柱倒し、（根槌作り） ねじそ・てこ棒とり | 5・3 ねじそ付け、笹鳥居作り、足場飾り付け | | 5・5 里曳き~建御柱 御柱建立報告引渡式 | | 6・8 奥社御柱祭 | | | |

笹鳥居

を囲む土手の、御柱の曳き入れ場所の両脇に青笹を一本ずつ立て、その間に注連縄を渡して臨時の鳥居とする。毎回同じ場所に作られるため、土手の一部がその場所だけ窪んでいる。笹鳥居作りには、二の御柱を担当する四地区が参加し、その際、笹鳥居前の田や畦道の補強なども併せて行う。里曳きの際に迷惑をかけそうな沿道の家々に挨拶をしたりもする。

「足場飾り付け」とは、建御柱の際に使用する建て穴背後の足場を組み装飾することである。飾り額は、「慶祝」と大書し紅白の枠で囲んで掲げる。

やまと（二の御柱）

## 七　御柱祭里曳き〜建御柱

五日は、いよいよ「里曳き」、「建御柱」を迎える。氏子衆にとっては長く準備に携わってきた祭の総仕上げである。一日の流れを、一の御柱、二の御柱ともに町会資料を参考に掲げる。〈表4―1、2〉

里曳きは、早朝、御柱の置き場に各町会の祭関係者が集合して始まる。今回の御柱は天候にも恵まれ、手順よくほぼ計画時間通りに斎行された。以後の記述は調査の都合上、二の御柱を中心とした記述になる。

「やまと」は、出発式にあたる。真新しい梵天（ぼんてん）（幣束）が飾り付けられた御柱にお神酒をかけ、ゆき頭が祝詞をあげる。年長代

〈表4—1〉

平成二十三年御柱祭　一の御柱里曳き、建御柱スケジュール

（薄町町会資料より）

| 午前 | |
|---|---|
| 6:30 | 薄町の青年、壮年、御柱総代、出発点に集合<br>準備 |
| 7:00 | 下金井、荒町、西荒町、兎川寺、四町会役員出発点に集合<br>御柱を下ろし、曳き綱・追綱の取り付け |
| 8:00 | 挨拶、神事　御柱総代、青年、ゆき頭 |
| 8:10 | 大和の儀式　ゆき頭の先導で行なう<br>木遣り　1回目　薄町西部　木遣り師6名、青年5名<br>2回目　薄町中部　木遣り師6名、御柱総代5名<br>3回目　薄町東部　木遣り師6名、壮年5名 |
| 11:00 | 木遣り　4回目　鳥居前　木遣り師6名、青年5名<br>（時間の都合により変更あり） |
| 11:30 | 曳き綱をもどし、鳥居前に集合<br>御柱の脇に並び御祓い |
| 昼食 | 境内にて町会毎 |

| 午後 | |
|---|---|
| 14:00 | 鳥居前に集合<br>木遣り　5回目　鳥居前　木遣り師6名、壮年5名 |
| 15:00 | 一御柱建て方位置到着<br>木遣り　6回目　木遣り師6名、青年5名<br>綱返し、化粧直し、尺取り |
| 16:00 | 建て穴の御祓い　一、二、三、四の順<br>根槌の受領　各町会青年は各町会の氏子総代より根槌を受領<br>建て方始まり<br>建て終わって（4柱）青年代表建て前終了報告<br>新御柱の御祓い |
| 16:30 | 御柱建立報告引き渡し式<br>宮本年長報告<br>宮司挨拶<br>氏子総代会長謝辞 |

〈表４―２〉 平成二十三年御柱祭　二の御柱里曳き、建御柱スケジュール

（新井町会資料より）

| 午前 | | |
|---|---|---|
| ６：００ | 権現様集合（御柱総代、青年、壮年、木遣り保存会、町会・公民館三役、班長、他） | |
| ６：３０ | 藤井御柱置き場集合 | |
| ７：１５ | やまと、挨拶 | 木遣り（先頭上金井、各町会青年ほか一名） |
| ７：４５ | 曳き出し開始 | 木遣り（先頭藤井、各町会青年ほか一名） |
| ８：４０ | 藤井橋通過 | 木遣り（藤井のみ） |
| ９：３０ | 休憩（「イチマル米穀」前） | 木遣り（先頭湯の原、各町会青年ほか一名） |
| １０：４５ | 裏参道到着 | 木遣り（先頭新井、各町会青年ほか一名） |
| １１：３０ | 笹鳥居前到着 | 木遣り（先頭上金井、各町会青年ほか一名） |
| １２：００ | 笹鳥居前曳き付け<br>綱を戻してお祓い、煙火（三発）<br>―昼食― | |

| 午後 | | |
|---|---|---|
| １４：００ | 境内への曳き込み開始 | 方向転換して木遣り<br>（先頭上金井、各町会青年のほか飛び入り歓迎） |
| １５：００ | 建位置へ曳き付け | |
| １５：３０ | 根槌お祓い、建穴お祓い<br>～建方始め | 四柱全て建て終わって煙火打ち上げ |
| １６：２０ | 新御柱お祓い | |
| １６：３０ | 御柱建立報告引渡式 | |
| １７：００ | 最後の会　挨拶　万歳三唱<br>解散 | |

表、御柱総代代表、各町会長の挨拶。その後、木遣りが奉納される。

木遣りの後、お神酒で祝杯をあげ、「曳き出し」となる。「曳き出し」のきっかけとなるのは、「綱渡り」という唱え詞である。ゆき頭は梵天を手に「大和、大和の綱渡り、ああいいお声だよもう一度、大和、大和の綱渡り」(一)、「やっとやまとの綱渡りー、良いお声だーわっさりとー、今ひと声のおやとえだー」(二)と唱える。「おやとえだ」は、「親と子で頑張って引っ張ってください」の意とのことである。この時、御柱に乗る人、御柱に付く人とその順番も、各御柱によって厳密に決められている。これを合図に氏子たちによって曳き綱が曳かれ、御柱は神社へ向けて動き始める。曳行時、ゆき頭は梵天を手に、塩で曳行路を清めながら御柱を先導する。

午前中をかけて神社の鳥居前まで里曳き。途中休憩をとりながら人の手で曳かれていく。御柱が通った後の道路には柱の擦れた後が残り、「神の通り道」ともいわれる。一の御柱が本鳥居前、二の御柱は笹鳥居前に到着すると御祓いを受け、御柱を休ませて昼食となる。昼食は、境内に町内ごとに集まって賑やかに昼の膳を囲む。

こうした里曳きの間、木遣りは祭の節目で唄われる。神に奉納し祭の安全を祈るとともに氏子たちの気持ちを鼓舞する意味もある。一の御柱では、木遣りを専門とし、細い袴を着用した「木遣り師」(親郷の薄町二名、他町会各一名)が木遣りをリードする。二の御柱では、木遣り師はいないが、各町内の木遣りの保存会などの指導を受け練習を積んだ祭の担い手達が代わる代わる披露する。昼食の間も間断なく、さまざまな木遣りが披露される。

諏訪では、特徴のある甲高い声と節回しで唄われるが、須々岐水神社では民謡を唄うような調子である。歌詞も、伝統的な基本形は存在するが、最近の出来事をよみ込んだもの、風刺をきかせたもの、色ごとなど、祭の進行やその場の雰囲気に合わせ、唄い手により趣向が凝らされた個性的な詞でも唄われる。「人を見たけりゃ諏訪御柱、綺羅をみたけりゃ小野御柱（または三の宮）」に対し「須々岐神社（すすきじんじゃ）は木遣り節」と唄う木遣りもある。また平成二十三年御柱祭は、東日本大震災の直後であったことから、震災の事実を織り込み自然の猛威に対する鎮めと人々の安寧を祈った内容の木遣りも唄われた。木遣りの詞からも、この祭がその時代に生きていることが感じられる。

木遣りの例をいくつか挙げておきたい。一、二の柱、飛び入りも加えると数えきれないほどの木遣りが唄われ、その収集にも努めたいところではあるが、ここでは二の柱で里曳き当日最初に唄われた上金井年長の伝統的な木遣りと、東日本大震災に触れたもの、御柱を担う町会の名所づくしを唄った三例のみを挙げる。

〈曳き出し・上金井・年長〉
きやれ皆さま　ごめんなよ（ソーイ、ソイ―合いの手。一節毎に唱えられる）
七年一度の御柱（みはしら）で（ソーイ、ソイ―以下略）
長き歴史はありけれど

きょうは平成卯年(うさぎどし)
これより曳き出すご神木
赤木様が御丹精
お化粧もとのい晴れ姿
須々岐の神様お待ちかね
晴れの門出を祝います
それにつけても皆の衆
協力あっての二の柱
怪我や過ちないように
無事に宮に着くまでは
めでためでたでお願いだー（唱和）（オイサ、オイサ、オイサ……―気勢を上げる。）

〈曳き出し・湯の原・年長〉
いやれ皆さまごめんなよ
卯年御柱はじまりて
弥生とどろく天変地異
大和揺らした大津波

この世は移ろい常ならず
諸行無常の響きあり
それでも変わらぬものがある
祭を愛するこの心
無事に御柱建つまでは
四箇の氏子は威勢よく
山辺の里から元気よく
皆さまよろしくお願いだ

〈建御柱前・上金井・壮年〉
きやれ皆さまごめんなよ
今日はめでたい御柱で
須々岐の神様お喜び
そこで皆さま聞いとくれ
東北沖なる大震災
現地は悲惨な状況で
氏子自慢の御柱祭（みはしらさい）

無事に御柱建てたなら
東北被災地も立て直り
届け元気なこのパワー
皆さま元気でお願いだー

〈里曳き・笹鳥居前・新井・次年長〉
きやれ皆さまごめんなよ
今日はめでたい御柱で
七年一度の木遣り節
そこでひと言申すなら
山辺の里はよいところ
数ある名所をあげるなら
葡萄見るなら上金井（上金井は山辺葡萄の名産地）
山を見るなら藤井だよ（今回の御柱は藤井の豊かな山林の〝出身〟）
お湯につかるは湯の原で（湯の原には古来有名な束間の湯《美ヶ原温泉》がある）
イケメンと呼ばれる男なら
それは新井の若い衆

建て御柱

昼食が終わると、一の御柱は本鳥居、二の御柱は笹鳥居をくぐり、境内への曳き込みが始まる。この時も一の御柱が先行し二の御柱がそれに続くという慣例である。少し曳き込んでは木遣りを唄うことを繰り返しながら建て位置へ曳き付ける。建て穴に到着したところで、曳き終わりの合図となる唱え詞「綱返し」の詞がゆき頭によって唱えられる。詞は、「綱渡り」の詞を「綱返し」に替えたものである。

その後、斧でねじそが切られ作法に従って曳き綱が外される。綱が外され、綱を止めていたとちも全て取り外されると、ゆき頭による「神祓い」が行われる。これは、御柱を建てる前の化粧直しである。斧で御柱の表面を根元から先端に向け、左七回、右五回、頭三回の順で削り、里曳きで傷んだ姿を整える。「神祓い」が済むと、御柱を、曳いてきた状態から上下逆さにする。これは、上になっていた面を正面として建てるためである。

続いて「根槌お祓い」、「建穴お祓い」を神官が行う。これが終わるといよいよ「建方始め」である。御祓いに続いて各町会三回ずつ、根槌で御柱の根元を打つ動作をする。御柱の根元をしっかりと固める意がある。根槌を打つ者は、それまで根槌に巻いてあった注連縄を外して腰に巻く。

建御柱は、かつては、神楽桟（かぐらさん）（通称・ヨイトマケ）を用い人力で行っていたが、現在では御柱にワイヤーを掛けウインチの力を利用して建てている。真っ直ぐに建っているかどうかは、ゆき頭が見極め、最終的に年長が承認する。これが終わると、三、四の御柱を順番に建てる。二の御柱の担当町会が三の御柱を、一の御柱の担当町会が四の御柱を人力で建てる。いずれの御柱も、建て穴に真っ直ぐ建て終わったら穴に石を詰めて根元を固める。

四柱を無事に建て終わったら、梵天を一、二の御柱正面に取り付け、神官による御祓いが行われる。この後、「御柱建立報告引渡式」となる。新しく建立した一、二の御柱を、氏子から神社へ引き渡す儀式である。神社本殿前に、本殿を背にして神社関係者、それに相対して氏子連中が整列し、宮本である薄町の年長から須々岐水神社に御柱が引き渡される。（実際は御柱に見立てた幣束を贈呈する。）十七時十五分、この年の御柱祭の行事が全て終了した。

【須々岐水神社御柱祭　一の御柱　曳行経路】
〈山出し〉伐採地↓広澤寺↓林地区御柱仮置き場（〇・八㎞）
〈中出し〉御柱仮置き場↓木元宅前↓金華橋↓御柱仮置き場（一・二㎞）
〈里曳き〉御柱仮置き場↓参道↓須々岐水神社鳥居前（〇・五㎞）
【須々岐水神社御柱祭　二の御柱　曳行経路】
〈山出し〉伐採地↓藤井御柱置き場（一・八㎞）
〈里曳き〉藤井御柱置き場↓藤井橋↓里山辺保育園前↓裏参道↓笹鳥居前（一・五㎞）

## 八　おわりに

御柱祭の中心行事である里曳き、建御柱が無事に終了してから約一ヵ月後の六月八日、薄川を遡った須々岐水神社奥社で、「奥社御柱祭」が行われた。出席者は、須々岐水神社、全町会の御柱総代、氏子総代であった。奥社の御柱は、周囲の山の木を氏子総代が伐って用意したものを祠の四方に建てた後、神事、直会を行う。午前中で終了する小規模のものであるが、神社が現在の地に遷ったとされる後も、その来歴を示すものとして継承されているという点で重要かつ興味深い行事である。

それに加え、奥社御柱祭は氏子総代の主催であり、神社と御柱総代を招くという、本祭とは逆のしきたりによって行われることも特記すべきであろう。これがどういう理由によるものかは伝わっていない。

今回、平成二十三年度時点での御柱祭の概要を記録にまとめることができた。またその過程で、それが諏訪と比べても様々な独自の様式や用語を持つことも確認した。しかし今回の調査はごく概観的、局限的なものにすぎない。とくに調査者が単独であった等の事情により、里曳き・建御柱当日は同時に進行する一、二の御柱の両方を調査することがかなわず、二の御柱を中心とした報告になった。関係者のご了承を願いたい。

今後は、一つ一つの事項についての詳細や歴史的背景の確認を深めるとともに、調査体制も拡大し、松本平の他の御柱祭との関連も含め、より詳細な調査・分析をしていく必要があろう。それによって須々岐水神社をはじめ松本平の御柱祭の、本家諏訪や他地域と異なる独自性を持った祭のかたちをいっそう明確にすることはもちろん、後世に伝えていくための資料として整えたいと考えている。

〈注〉

1　本報告では、以下、通称の「御柱祭」と記す。

2　沙田神社が信濃国三ノ宮であることについては、異論もある。穂高神社が三ノ宮であるとする説もあり、定説をみない。（木下守氏のご教示による。）

3　平成十一年度沙田神社御柱祭記録集編集委員会編『式内沙田神社御柱祭記録集』二〇〇〇年五月、沙田神社御柱祭記録集編集委員会編『信州三之宮式内沙田神社』二〇〇六年四月など。

4　木下守「松本の御柱祭」『長野県民俗の会通信』第152号　一九九九年七月、松崎憲三編『諏訪系神社の御柱祭』二〇〇七年三月 岩田書院 所収

5　『日本三代實録』巻十四

6　上條義守「由緒概説」『社格昇進願書』上條家所蔵文書・昭和十九（一九四四）年十二月所収。この「由緒概説」は、それまでの上條家に伝わる史料や神社にまつわる伝承を、現宮司の先々代がまとめ記したものである。

7　「素盞嗚命」は『日本書紀』での表記。『古事記』では「須佐之男命」と表記される。

8　諏訪明神も水の神としての性格を持っていたことは、前掲注4で木下氏が指摘している。9　金井典美『ものと人間の文化史24・湿原祭祀』第5章「聖地と祭場」381頁　一九七七年十二月・法政大学出版局

10　この他にも、大桂の枯木中より発見された薙鎌があったという記録もあるが現在は不詳である。（藤森栄一「薙鎌考―諏訪神社の考古学的研究（五）『信濃』第14巻第11号・信濃史学会」）

11　現在の須々岐水神社の三宮の中で、ここだけは御柱を建てていない。詳細は伝わっていない。諏訪明神の影響を受ける以前の自然神（水神）の祭祀の記憶を物語るものであろうか。

12　『信府統記』第十九「松本領諸社記乾」山家与 薄宮大明神（『新論信濃史料叢書』第六巻・信濃史料刊行会）

13　氏子はかつて、薄町、下金井、荒町、兎川寺、上金井、藤井、湯の原、新井の十地区であった。そのため、祭も「八箇の祭」と呼ばれていた。やがて、大正十一（一九二二）年に荒町から西荒町が分かれ、後に新興住宅地の美里町が加わって現在では十地区町会となっている。

14　上條家所蔵文書

15　「明治二十八年六月　須々岐水社取調上申書」中の御柱式次第の項に「七ヶ年一回建換旧暦干支卯酉ノ年十月初卯酉ノ日或ハ中卯酉ノ日ヲ以テ定例日トシ、……」とある。『松本市史　第四巻　旧市町村編Ⅳ』一九九四年九月

16　美里町は、新興住宅地であるため御船を所有していない。御柱祭にも、御柱総代はたてるが実際の挙行には加わらない、「オブザーバー」的な参加である。

17　近藤信義「諏訪大社式年造営御柱祭の研究―上社を中心に―」『立正大学人文科学研究所年報』第二十六号　昭和六十三（一九八八）年

18　湯の原では、青年と壮年の間に「中老」を置くなど、担い手の構成（呼び名）は町会によっても異なる場合がある。

19　その形状からみても、男性のシンボルとしての意味づけは明らかであろう。その場合、後述の「神の嫁」としての御柱の位置づけとは矛盾する。この矛盾の理由については現在、地元でも確たる説明が失われているとのことである。付近の美ヶ原温泉薬師堂（湯の原地区）のご神体である男根道祖神や、色ごと（艶詞）の木遣りとの関連も考えられるが、事象の先後関係をはじめ様々な要素の関わりについ

ては慎重な考察を要するとみられる。なお「細い用材でも大きく見える効果」については後に考えを改めた。（本書第一部二章三、p75）

20 「太玉命　掘（ねこじニコジ）天香山之五百箇真坂樹…」（『日本書紀』神代）、「予抜（ねこじニシテ）取五百枝賢木…」（『日本書紀』仲哀天皇八年）「去年の春いこじて植ゑし吾がやどの若木の梅は花咲きにけり」（『万葉集』巻第八・一四二三番歌）など

21 本来は水楢の幼木（太さ三～四㎝、高さ三mほどが必要）を捩じったものを「ねじそ」という。現在は水楢の幼木を得ることが難しくなり、やむをえず藤蔓を使用している。一の御柱では、昭和六十二（一九八七）年の御柱祭まで水楢を使用していた。なお、大和合神社では現在も水楢を使用しているとのことである。（本書第一部二章三）

22 諏訪大社の御柱の持つ意味についてどう捉えるかは、この他にも、神が降臨する架け橋だとする説をはじめ諸説あり、定まってはいない。

23 須々岐水神社社務所『須々岐水神社御柱祭事』平成十年五月（東筑摩郡教育会氏神調査『須々岐水神社御柱祭事』昭和十九年三月より抜粋）

24 往時は、これを神社の修理の用材として用いたりしたとのことである。

25 前掲注17 近藤氏論文の資料による。昭和六十一（一九八六）年の斎行記録である。年代は異なるが、行事の次第を追ったものとして対照する。

## 【付帯資料】

御柱祭には、この土地独特の、あるいは須々岐水神社独特の、例大祭（お船祭）とは異なった用語が用いられることがある。まとめ記すことで、平成二十三年時点での用語を確認しておきたい。それぞれの語の使い方やしきたりは、一の御柱と二の御柱、また各町会によって異なるものもある。注記中、（一）、（二）とあるのは、（一の御柱）、（二の御柱）の略である。

### 【須々岐水神社御柱祭関係用語集（五十音順）】

うら御柱（うらおんばしら）　三、四の御柱をさす。「うら」は「裏」の意とも「末」の意ともされる。「裏」だとすれば、新しい一、二の御柱に対して「裏」の意か。「末」の場合は、古い御柱の根元から根槌を切り取り、残った末の方を使うことからそのように呼ばれると考えられる。

奥社（おくしゃ）　薄川の上流、松本市入山辺明神平地籍（扉温泉付近）にある社。神社の由緒書きには、太古、薄宮大明神と称し出雲の神すなわち素戔嗚命を祀っていた神社があり、やがて薄宮大明神は薄の舟に乗って下流に遷座し、現在須々岐水神社のある地に落ち着いたとされる。その薄宮大明神の社があった場所に建つ社である。

親郷（おやごう／おやごう）　一の御柱担当の五町会（薄町、下金井、荒町、西荒町、兎川寺）のうち薄町、二の御柱を担当する四町会（上金井、藤井、湯の原、新井）のうち上金井をいう。それぞれの担当の御柱祭の催行について固定的に中心的役割を担う。

神祓い（かんばらい）御柱の化粧直し。里曳きを終えた御柱を建てる前に、ゆき頭が、御柱の表面を根元から先端に向け、左・七回、右・五回、頭・三回に分けて斧で削り、里曳きで傷んだ姿を整える。里曳き当日、ゆき頭の最終にして最大の役割である。祭の前に、ゆき頭の家族に不幸があった場合でも、予定通り祭を取り仕切ることは可能だが、神祓いだけは他の者に代わるというほど、重要な儀式である。

冠落し（かんむりおとし）御柱の先端を三角錐に尖るように削ること。建立した際、正面に角がくるように削る。現在では山出しで御柱を伐採し、手作業で木の皮を剝ぎ、面取りをした後に行う。

木元（きもと）　御柱となる神木を供出する献木者をいう。ご神木を育てた存在として大変尊重される。

木遣り（きやり／きやれ）　行事の初めや、節目で唄われる唄。氏子たちの気持ちを鼓舞し、祭を円滑に進行させる意味もある。諏訪では、特徴のある甲高い声と節回しで唄われるが、須々岐水神社では民謡を唄うような調子で唄われる。詞も、基本のものは存在するが、唄う時、場所、唄い手により趣向を凝らした詞でも唄われる。内容は、祭への言祝ぎ、祭の進み具合に従い安全で速やかな進行を促す内容の伝統的なものから、時流に合わせて最近の出来事を読み込んだもの、風刺をきかせたもの、地元自慢、「〇〇づくし」という言葉遊び、色ごとまで、唄い手により趣向を凝らした個性的な詞でも唄われる。

木遣り師（きやりし）　一の御柱で、木遣りを唄うことを役割とする人。薄町二名、他町会一名。法被と専用の細い袴をはく。二の柱には、専門の木遣り師はいない。町内会に「木遣り保存会」などの組織があり、木遣りの保存と伝承に努めている。

采配（さいはい）　諏訪の「オンベ（御幣）」にあたるものである。竹の柄の長さは一〇五㎝（三尺）、白紙を巻き、紅白の水引を蝶結びに結ぶ。一の御柱では黒竹を、二の御柱では青竹を用いる。幣の部分は諏訪に比べ短く、七色の色紙（金、銀、赤、青、緑、黄、白）を細く切ったものを束ねて球状に近く形作られ、華やかである。作られる本数、幣に使う色紙の色数と本数にも町会毎の決まりがある。

笹鳥居（ささとりい）　須々岐水神社を取り巻く土手の北西の一角に、里曳きを経て神社に到着した二の御柱を境内に曳き入れるために、祭の間だけ作られ使用される鳥居。曳き入れ場所の両脇に笹を一本ずつ立て、注連縄を渡し紙垂を下げて臨時の鳥居とする。

青年（せいねん）　氏子のうち十五歳から三十歳までの男性。（数えで三十歳まで、満三十歳まで、満三十五歳までなど、その規定は町会によって異なる。）各町会別に編成され、祭を担う中心的存在となる。その長は「青年長」であるが、「年長」と呼ばれるのが通例。腕章にも「年長」とある。

壮年（そうねん）　氏子のうち三十一歳以上の男性。

建て穴（たてあな）　御柱を建てる穴。一・二の御柱用の穴は、現在はコンクリートで堅牢に造り固められている。三・四の御柱用の建て穴は人力で掘る。

建御柱（たておんばしら）　御柱を建てること。かつては、神楽桟（かぐらさん）（通称・ヨイトマケ）を用い人力で行っていたが、現在ではクレーン、ウインチ等重機の力を借りている。

中老（ちゅうろう）　湯の原町会では、青年（三十歳まで）を終えて、前回の御柱年長までの年代（六歳上まで）

わらなくなる。

を中老という。中老は、お船祭や御柱祭で青年を補佐する。壮年に入ると、力の要る役にはあまり携

綱返し（つながえし）　御柱里曳きの曳き終わりの合図となる唱え詞。「大和、大和の綱返し、ああいいお声だよもう一度、大和、大和の綱返し」（一）。「やっとやまとの綱返しー、良いお声だーわっさりとー、今ひと声のおやとえだー」(二)。この時、御柱に乗る人と順番も、各御柱によって厳密に決められている。一の御柱では、①ゆき頭、②木元、③木遣師、④各町内御柱総代、⑤各町内青年の順に乗る。二の御柱では、①ゆき頭、②各町会年長が乗り、曳いてきた方向に対し後ろ向きに唱える。「綱渡り」の項参照。

綱縒り(つなより)　里曳きの際に使用する曳き綱を縒って作り上げる作業。一の御柱では、御柱の前方(根元)につけて曳く「曳き綱」二本と、後方（末方）につける「追い掛け綱」（「末綱（うらづな）」ともいう）一本を作る。藁縄十本と麻縄一本を束ねた綱（五七m）三本を一本に縒り合わせる。長さ五七mの綱を三本縒りにすると長さが四〇mの曳き綱になる。これを二本作る。その他に追い掛け綱一本(二〇m)を用意する。追い掛け綱は藁縄五本(二八m)を束ねた綱二本と、藁縄四本に麻縄一本を加えた一本（二八m）の三本を撚り合わせて二〇mの長さに仕上げる。綱の撚り方は、左撚りである。なお、追い掛け綱は兎川寺町会が担当することと決まっている。二の御柱では、麻縄三本と藁縄七本を束ねた素綱(八〇m）三本を、縒り板を使って一本に縒り合わせる。長さ八〇mの素綱を三本縒りにすると長さが六〇mの曳き綱になる。これを二本作り「曳き綱」とする。直径は約一五㎝、縒り方は左縒りである。その他に「後綱」（六〇m）一本、「化粧綱」（二〇m）を一本用意する。

綱渡り（つなわたり）　御柱里曳きの曳き立ての合図となる唱え詞。御柱の上にゆき頭を先頭に各町会年長が乗り、「大和、大和の綱渡り、ああ、お手を揃えてお願いだー」（一）、「やっとやまとの綱渡りエー良いお声でわっさりとー、今一声のおやとえだー」（二）と唱える。二の御柱の「おやとえだ」は、「親と子で頑張って引っ張ってください」の意とされる。一の御柱では、①ゆき頭、②木元、③木遣師、④各町内御柱総代、⑤各町内青年の順に乗る。二の御柱では、①ゆき頭、②各町会年長が乗り、これから曳いて行く前方に向かって唱えることで、里曳きの出発となる。

てこ棒　里曳きの際に御柱の進む方向を定めたり、向きを直したりするために使う長さ二mほどの棒である。木の種類は、粘りのある水楢がよいが、現在は数が少なくなってしまったので楢の木を使っている。大和合神社では現在でも水楢を使用とのことである。

とち　御柱に曳き綱を取り付けるための、頭に環のついた釘。めどにねじそを通し、綱にかかるようにし、さらに綱を残して御柱に密着するように「とち」と麻縄で綴じる。麻縄の交差する方向は一定にし、一の御柱と二の御柱とでは反対にする。

中出し（なかだし）　一の御柱では、山出しの日には木繕いだけを行い、翌日山出しの場（伐採の場）から置き場へと御柱を引き出す。これを中出しという。以後、里曳きの日まで置き場で安置する。

薙鎌（なぎかま／ないかま）　諏訪大社と、それに関係する神社に伝わる神器のひとつで、御柱祭に関連した祭礼の供奉具としてたびたび登場する。鳥とも、蛇とも見える形をした鎌型の金具で、鎌としての実用性はない。使用の目的も方法も多様な様相を見せ、詳細は未だ明らかにされていない部分が多い。

須々岐水神社にも社宝として五点が伝わる。いずれも長さ一〜一・五mほどの矛の柄に打ち込まれた状態で保存されている。小型で蛇の頭のようなもの、やや大きめで鳥の頭かタツノオトシゴのような形をしたものなど形も大きさも様々である。（他に和釘二点。）神社に伝わった年代、由来、用途などはいずれも未詳とのことであった。（平成二十四年十一月調査）

ねじそ　「捩（ねじ）粗朶（そだ）」からきた語かといわれる。粗朶（そだ）とは、伐り取った木の枝をさすが、御柱では、藤などの蔓を水に浸して柔らかくし、捩（ね）じって御柱のめどに通して曳き綱を固定するものをさす。現在では藤蔓が用いられている（二）。本来は水楢の幼木（太さ三〜四cm、高さ三mほどが必要）を捩ったものを使うが、近年、水楢の幼木を手に入れることが困難になり、やむをえず藤蔓を使用している。一の御柱では、昭和六十二（一九八七）年の御柱祭まで水楢を使用していた。藤の場合は、草藤（クサフジ）は切れやすいため、真藤（マフジ―紫の花をつける）を用いる（一）。なお、薄川上流の入山辺大和合神社では現在も水楢を使用しているとのことである。

根槌（ねづち）　建御柱の際、御柱の根を固めるために使用する大槌。古御柱の根元から町内会の数だけ切り出されて作られ、注連縄を巻いて本殿に奉納される。建御柱の前の神事の際、各町会に一個ずつ納められて使用される。槌の長さは七〇cm。重さは約二〇kgにもなる。

根掘り（ねほり／ねぼり）　御柱用材の根元をなるべく太くするために、ご神木を根元から伐り出す準備として土中から根元を掘り出しておくこと。

年長（ねんちょう）　各町会の青年のまとめ役。例大祭お船祭のための「お船祭年長」（毎年選出）とは別に、御柱祭のために選ばれる「御柱年長」がある。御柱年長は、御柱祭の催行年と同じ卯年、酉年生まれの青年の中から選ばれるのが原則である。御柱年長に関しては、次回御柱のために「次年長」が決められ年長を補佐する一方、祭の次第を見習う。将来にわたる祭の継承を考え「次々年長」までを決めている町会もある（新井）。

不幸の祓い（ふこうのはらい）　御柱の前年に不幸があり喪が明けていない場合は、祭への参加を自粛することが多い。しかし宮司によれば、事前にお祓いを受けることで祭への参加は可能とのことであった（現宮司・談）。ゆき頭が喪中の場合は、お祓いを受けたうえで祭に参加することは可能だが、「神祓い」だけは代行者をたてる（二のゆき頭・談）。

古宮（ふるみや）　古原（コバラ）と呼ばれた地に、元々薄川の水神を祀る社があった。治水の神とされ、須々岐水ノ神と称された。現在の須々岐水神社の南側の田圃の中に小さな祠がある。この宮には御柱は建てない。

梵天（ぼんてん／ぼんでん）幣束とも。尺竿に御幣を結びつけたもの。尺竿の長さは一丈（畳一枚分の長さ）で、これを以て御柱の長さを測る。必ずゆき頭が持つ。道の障害を除き、穢れを清めるといわれている。ゆき頭は、梵天を手に里曳きの先頭に立って御柱を先導する。

御柱総代（みはしらそうだい）　須々岐水神社の氏子のなかから、各町会の氏子総代とは別に、御柱祭のために選ばれる総代職。御柱祭に関する全てを取り仕切る。「おんばしらそうだい」ともいう。人数は、町会によって決まっている。二の御柱では上金井、藤井は三〜五名、湯の原、新井は二名。

宮本（みやもと）　須々岐水神社のお膝元の町会である薄町を指していう。薄町は、一の御柱の親郷であると同時に、宮本として二の柱も含めた御柱祭全体のまとめ役を務める。

めど　御柱に綱をつけるためにねじそを通す穴。

面直し（めんなおし）　里曳きが終わり建て穴に曳き付けた後、御柱の上下を逆にする。これは、それまで上になっていた面を正面として建てるためである。

山入(やまいり)　二の御柱で、御柱伐採のこと。ゆき頭が中心になって清めの式を行う。洗米、塩、神酒を供え、その場に用いられる用具（斧、はびろ、綱、尺竿など）を万事無事を祈って供えた後、山入の神酒が一同に供される。御柱の伐採は、斧入れの儀式をはじめ、本来はすべて斧で行い鋸は使用しない。しかし、今日では作業の安全も考慮しチェーンソーを用いる。

山出し（やまだし）　伐採した御柱を山から曳き出して、中出し（一）あるいは里曳き（二）までの一時的な保管場所である「置き場」まで移動させること。かつては全て人の力で曳いていたが、現在は途中までトラックで運び出している。（二）

やまと／やまと酒（やまとざけ）　曳き出しの際、最初に曳き立てる前の神事を「やまと」といい、その神事で飲む神酒を「やまと酒」という。

結納　本見立てを経てご神木が決定した後、一、二それぞれの御柱総代、青年らが正装し、木元に金一封、その他供え物を持参してご神木決定の挨拶をする。ご神木を神の嫁に見立て、人の婚姻儀礼と同様に行うのが特徴である。木元では、受納の後、ご馳走を振る舞う。これを「披露宴」とよぶ。

ゆき　「よき（小型の斧）」の松塩筑方言。（馬瀬良雄編『長野県方言辞典』信濃毎日新聞社・二〇一〇年三月）

ゆき頭(ゆきがしら)　かつては「そーま(杣)さん」と呼ばれる林業に関わる家業の者がご神木の伐採に携わったことから、現在の役目を担うことに繋がっていると考えられる。現在でも、山林を所有し、山林の保守や木の取り扱いに詳しい人であることが重要な条件となる。各町内会の推薦によって依頼・決定され、各町内からも神社からも独立して祭催行の一切を取り仕切る役目を負う。しかし、本人談によると、祭の中心はあくまでも「青年（その中でも親郷・上金井の青年長）」であり、ゆき頭はその補佐の位置付けとのことである。祭の作法は、口承・見習いで代々受け継がれている。今回の二のゆき頭は、平成五年の御柱で副ゆき頭を務め、平成十一年の御柱からゆき頭として御柱祭に携わっている。現在、二十歳ほどの年の差をもって次代、さらに二十歳ほどの年の差で次々代のゆき頭候補を育成している。里曳き・建御柱当日は、背中に「斧」と染め抜かれた濃紺の法被に赤い紐帯、純白の衣装と地下足袋を着用した。（二）　また今回、一の御柱ではゆき頭に決定していた方が祭の前年に亡くなるという不幸があったが、こうした場合は近隣の御柱祭催行地区のゆき頭を頼んで代行してもらうという、相互扶助的な関係がある。

〈平成二十五（二〇一三）年三月時点〉

# 二章　松本地方の御柱祭にみる地域性

## ――山辺谷の木作りを中心に――

# 一　はじめに 「一年遅れ」の御柱祭

平成二十八（二〇一六）年申年は、諏訪大社の御柱祭の年であった。正式には「式年造営御柱大祭」というが、本稿では以後、通称の「御柱祭」と記す。諏訪大社の御柱祭は、七年に一度（数え年で七年め、実際には六年に一度）寅と申の年に宝殿を新築し、社殿の四隅に建てた大木を建て替える祭である。諏訪大社上社・下社併せて四社において、御柱が数々の行事の手順を経て建立され、また宝殿遷座祭が滞りなく斎行されたのは記憶に新しい。

これに関連して、長野県内各地の、主に諏訪系の神社ではその地に応じた御柱祭がとり行われる。諏訪地方のいわゆる「小宮」をはじめとして、長野市を中心とする北信地方、上田市を中心とする東信地方、伊那市・飯田市を含む南信地方では諏訪大社と同年の春から秋にかけて行われることが多い。

これに対し、松本市・塩尻市にまたがる地域の神社では諏訪の翌年、すなわち卯と酉の年に一年遅れの御柱祭が行われている。

この度、平成二十九（二〇一七）年に斎行された両地方の御柱祭について調査する機会を得た。本稿はその調査をもとに、松本地方の御柱祭について、その時点での斎行の実態を記録に留めるとともに、諏訪大社とは異なる祭の特徴について考察することを目的とするものである。

## 二　松本地方の御柱祭概要

平成二十三（二〇一一）年の御柱年には、松本市里山辺の須々岐水神社についてその一部を報告した。[1] しかし前回は、御柱祭斎行の前年から長期間にわたる関連行事のうち、実際に見聞できたのは一部の行事にとどまった。そこで今回は、祭を運営する氏子各町会の協力を得て、前回見聞が叶わなかった行事を含め祭の端緒から終了までを通してより詳しい調査を行うことができた。それと併せて、同じく諏訪大社から一年遅れで斎行される松本地方の御柱祭について調査し、その特徴を探ることとした。

今回調査の対象としたのは、次の八神社である。〈図1　松本地方の御柱祭斎行神社〉

○小野神社・矢彦神社〈信濃国二之宮〉（塩尻市北小野／上伊那郡辰野町小野―両地区の境に、神域を隣接して祀る。）

○沙田(いさごだ)神社〈信濃国三之宮〉（松本市島立）[2]

○千鹿頭(ちかとう)神社（松本市神田／松本市里山辺林―両地区の境（千鹿頭山の尾根）に、社殿を隣接して祀る。）

○松本市薄川流域の四神社

〈図１　松本地方の御柱斎行神社〉

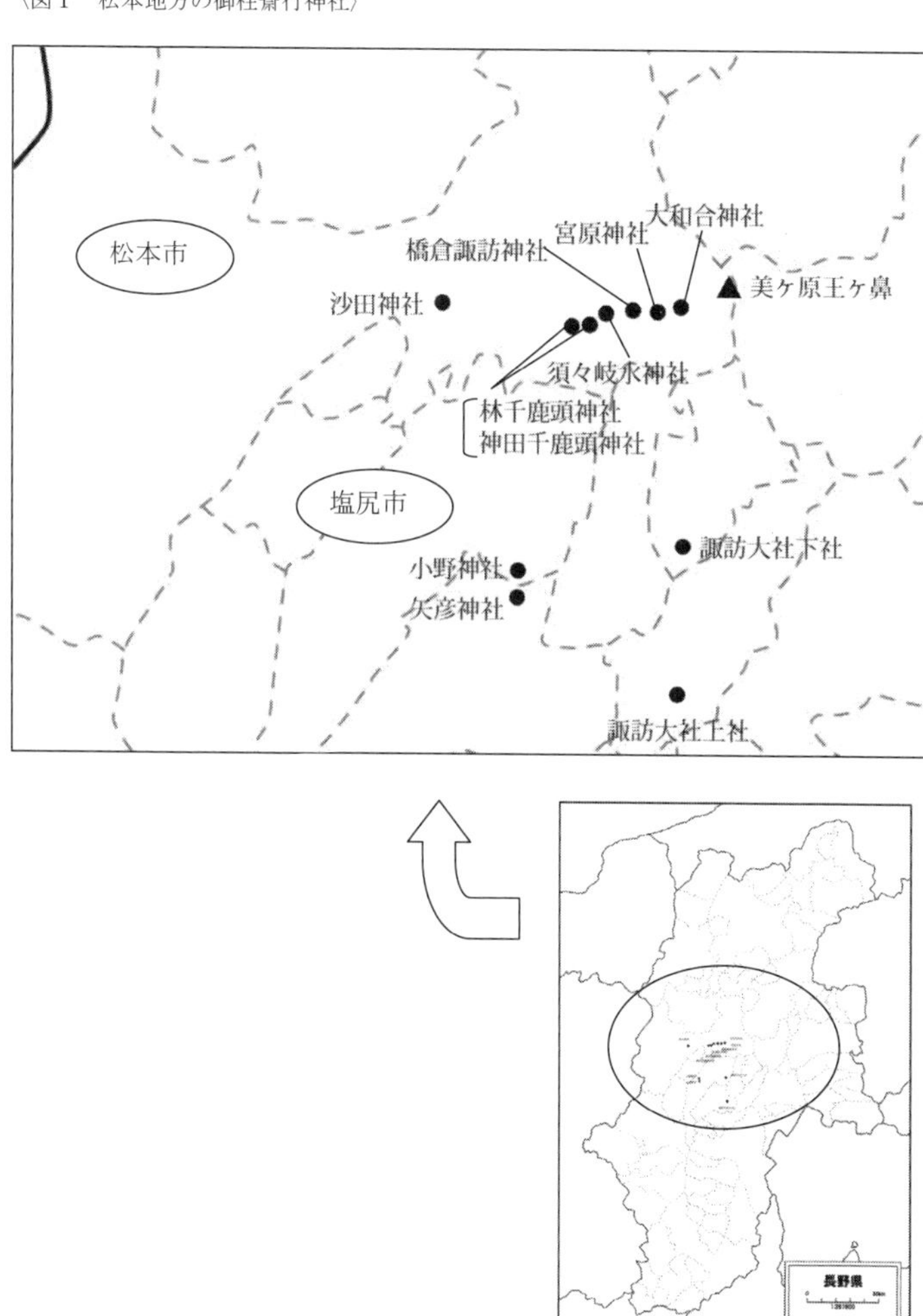

須々岐水神社（松本市里山辺）
橋倉諏訪神社（松本市入山辺橋倉）
宮原神社（松本市入山辺宮原）
大和合神社（松本市入山辺大和合）

信濃国二之宮である小野神社・矢彦神社、信濃国三之宮ともいわれる沙田神社の御柱祭は、「人を見たけりゃ諏訪御柱、綺羅を見たけりゃ小野御柱」「仕度見るなら三之宮」とも言われ、諏訪の御柱の勇壮さと見物人の多さに対し、法被など、衣装の美しさが特色とされる。諏訪の周縁の御柱祭がそれぞれ地域的特色を持っていることの一端である。

対象とした神社の主な行事日程は〈表1〉にまとめた通りである。(3)

小野神社・矢彦神社は、「建御名方命は信濃へ入国し、諏訪へ入ろうとしたが洩矢神がいたので入れず、しばらく小野の地に留まってこの地方の統治にあたったことにより、ここに祀られたという。(4)」という社伝がある。これにより氏子衆には、「建御名方命の祭は諏訪に先立つ(5)」との意識もみられる。江戸時代には御柱は松本藩主の献木であり、現在の松本市波田の藩林で伐採され、奈良井川を渡して小野に運ばれていた。以前は旧暦の四月にその年の干支にあたる日に行なわれていたものを現在では五月の連休に移して行われている。(6)

沙田神社は延喜式に社名が見られ式内社である。祭神は彦火々出見尊、豊玉姫命、沙土煮命

| 地域 | 神社名 | 本見立て | 結納 | 伐採 | 綱縫り | 山出し | 里曳き | 建て御柱 |
|---|---|---|---|---|---|---|---|---|
| 山辺谷以外 | 小野神社 | 7月3日 | なし | 11月20日 | 1月15日 | ①③3月25日<br>②④3月26日 | ①5月3日<br>②③5月4日<br>④5月5日 | ①5月3日<br>②③5月4日<br>④5月5日 |
| | 矢彦神社 | ②7月17日<br>③8月28日<br>①④10月30日 | なし | ②8月21日<br>③11月3日<br>①④11月27日 | ③10月16日<br>①④11月6日 | ①④3月5日<br>②③4月1～2日 | 5月3～4日 | 5月5日 |
| | 沙田神社 | 2月12日 | 1月28日 | 3月4～5日 | 3月 | 4月23日 | 9月24日 | 9月24日 |
| | 神田千鹿頭神社 | 2015年11月8日 | 2015年11月8日 | 3月12日 | 2月19日（里曳き用） | 3月27日 | 4月24日 | 5月3日 |
| | 林千鹿頭神社 | 2015年12月 | 2015年12月 | 3月 | 3月12日（里曳き用） | 4月17日 | 5月3日 | 5月3日 |
| 山辺谷 | 須々岐水神社 | ①12月11日<br>②11月3日 | ①12月11日<br>②11月3日 | ①3月18日<br>②2月25日 | ①2月11日<br>②1月29日 | ①3月18日<br>②2月25日 | 5月5日 | 5月5日 |
| | 橋倉諏訪神社 | 8月28日 | 1月3日 | 3月26日 | 2月12日 | 3月26日 | ①4月29日<br>②4月9日 | 4月29日 |
| | 宮原神社 | 3月13日 | 3月13日 | 4月10日 | 4月2日（里曳き用） | 4月10日 | 4月16日 | 4月29日 |
| | 大和合神社（三之柱） | 2月7日 | 3月19日 | 4月10日 | 4月10日 | 4月29日 | 4月29日 | 4月29日 |

表1・松本地方の御柱祭　平成29（2017）年の主な日程の比較

＊網掛けは2016年以前　＊①、②、③、④はそれぞれ一、二、三、四の柱を指す

であり[7]、孝徳天皇の御宇に初めて祭祀し、大同年間に坂上田村麻呂が有明山の妖怪征伐に出かけた折に神力を発揮したことにより社殿を造営したという。いわゆるお諏訪様（建御名方神、八坂刀売神）を祀っていないにもかかわらず御柱祭を行っている神社である。『日本三代實録』貞観九（八六七）年三月十一日辛亥の条に、「信濃國正二位勳八等建御名方富命神進階従一位。（略）正六位上梓水神。須々岐水神並従五位下。」とあり、それまで正六位であった梓水の神と須々岐水の神（須々岐水神社）が、ともに従五位下に位階が上がったことが記されているが、この「梓水神」に比定される。現在の社殿が「梓川の水を引き入れた古代条理的遺構の上に鎮座し、開発当初からの古社と推定される[8]」のも、これを裏付けるものと考えてよいだろう。須々岐水神社とともに地元の水神と諏訪の神の関連が注目される神社である。今回調査の神社の中で、唯一、秋九月に里曳き・建立を行う。

神田、林の千鹿頭神社は、千鹿頭山の小高い尾根上にある。かつてこの山の尾根は、松本藩領林村と高嶋藩領神田村の境となっていた。千鹿頭神社は元々一つの神社であったが、「元和四（一六一八）年に、松本藩領から東五千石を高嶋藩領へ分けた時、境の中央に鎮座した神社が二分され、神田分の社と林分の社が並ぶこととなった。」とされる[9]。以来、御柱祭も両地区に分かれて行い、一・四の柱は神田地区が、二・三の柱は林地区がそれぞれ建立する。当社では、御柱年の前々年に行事がスタートする。この回は平成二十七（二〇一五）年末に見立て・結納が、前年平成二十八（二〇一六）年に伐採・山出しが行なわれた。（神田では、里曳きまで。）

この後は一年間御柱を野外に置いておくが、これは御柱を乾燥させて軽くするためだと言われる。これは、神田と林両千鹿頭神社ではどちらも、里曳きの最後に、御柱を千鹿頭山の急坂に沿って引き上げなくてはならないという、神社の立地条件によるものと考えられる。

須々岐水神社、橋倉諏訪神社、宮原神社、大和合神社は、いずれも松本市の東部、美ヶ原高原を源とする一級河川薄川の谷に沿って点在する神社である。一帯は律令時代より「山家郷（やまべ）」と呼ばれる地域であった。よって、四神社が分布する薄川の谷を山辺谷（やまべだに）と称する。現在は須々岐水神社のみが薄川右岸、他神社は左岸に位置するが、「薄川が現在の流路になったのは松本城築城後のことであり、それ以前はもっと北方を流れ、惣社を経由し女鳥羽川にそそいでいた」[10]とされるので、四神社はいずれも薄川左岸に祀られた神社であるという共通性がある。

須々岐水神社は四神社の中で最も下流、山辺谷が松本盆地に向かって開く扇状地の、扇の要の部分にある。薄川上流の明神平（須々岐水神社の奥社が置かれている）から薄宮大明神が薄の舟に乗って川を流れ下り、現在の地に祀られたという伝説を持つ[11]。前述の沙田神社と同様、水霊を祀ることをその始源に持ち、後代、それに諏訪信仰が習合していったものと考えられる。祭神は、建御名方命、素盞嗚命である。この神社の御柱祭に関する文献上の初見は元和元（一六一五）年十月「薄宮御柱立人足觸状」で、この資料から祭は秋に行なわれていたことがわかる[12]。その後、明治期にも秋に行なわれていたことが確認できるが[13]、現在は例大祭と合わせ五月五日に斎行されている。かつては前年に山出しを行っていたこともあったようだが、現在では当年に行なっている。また、御柱は四本建てられるが、うち二本（一の御柱、二の御柱）は新しく伐採したものを、三と四の御柱は、それまでの一と二の御柱を短くしたものを建て替える。一の御柱では山出しの翌日、神社の近くまで引き出す中出しを行う。二の御柱も中出しをしていた時代もあったが、現在は山出しの後は里曳きとなる。

橋倉諏訪神社の祭神は建南方刀美命（たけみなかたとみのみこと）。創立年代は不明であるが、中世に金華山に築城された林城の麓に位置し、その城主であった小笠原氏との関係が深く、その守護神ともされた。本殿背面には小笠原氏の紋である三階菱が刻まれている。氏子衆の間には、「橋倉は林城の城下町」との意識もある。(14) 一町会三十五戸の氏子で祭を守っている。建て替えの二本の御柱の里曳きを一本ずつ、二日に分けて行っている。

宮原神社は、社域から薄川の水源である美ヶ原高原と松本平の西に聳（そび）える飛騨山脈（北アルプス）をともに眺めることができる。祭神は建南方刀美命であるが、現在は薄川の対岸にあった駒越神社・八幡宮、白山社を併せて祀っている。薄川左岸、神社に近い地区の二の御柱を日陰御柱、右岸の駒越地区の一の御柱を日向御柱と通称する。また、平成二十三年の回から木遣りの継承の為、小学生による子ども木遣りを練習・披露している。

大和合神社は、山辺谷の中で最も上部にある神社である。祭神は他の山辺谷の神社と同様、建南方刀美命。鳥居の扁額には大和合大明神と駒方大明神の名が併記されている。御柱は四本のうち三本が新しくされ、四の御柱はそれまでの一の御柱が建て替えられる。入山辺の三神社は、従来御柱年前年に御柱を伐採し山出しを行う「伐り年」、祭の当年を「建て年」とし、二年がかりで行っていたがこの年、その日程で行ったのは宮原神社と大和合神社であった。[15]

全体としては、諏訪大社御柱祭と同様の、見立て↓伐採↓綱縒り↓山出し↓里曳き↓建御柱という重要な行事の流れはどの神社でも大きな違いはなく、また省略されることなく執り行われていることが確認できた。調査によると、かつては山辺谷の四神社でも二年がかりで御柱祭に関わる行事を行っていたことがわかったが、沙田神社および須々岐水神社、橋倉諏訪神社、宮原神社では近年、伐採から建御柱までを同年のうちに行なっている。これは、山間部の人口減少、少子高齢化の影響により、祭の担い手が減り、祭の期間の短縮化、行事の効率化が必要になってきたことも関連していると考えられるが詳細は不明である。それでも見立てなどの準備から終了まで、二年がかりの長期にわたる祭であることに変わりはない。

その中で特筆すべき行事は、小野・矢彦神社を除く松本地方の七神社にみられる「結納」であろう。管見では、今のところ長野県内でも他にこの種の行事が行なわれている例を探すことはできていない。結納とは、

本見立てを経てご神木が決定した後、それぞれの御柱総代、青年らが正装し、木元に金一封、その他供え物を持参してご神木決定の挨拶をする。ご神木を神の嫁に見立て、人の婚姻儀礼と同様に行うのが特徴である。木元では、受納の後、ご馳走を振る舞う。これを「披露宴」とよぶ。

というものである。[16] 最近では、木元の負担を軽減するため公民館等の施設で行うことが増えている。行事の意味としては、一つには、この辺りの神社が諏訪大社のように御柱の用材を産出する社有林を持たず、御柱を献木に頼るという事情を儀式化したものと考えられよう。それとともに、御柱が山の多くの木々の中から選ばれて、神木となっていくために必要な通過儀礼と考えられる。

次節では、さらに松本地方の御柱の特色をよく表すと考えられる木作りの様子について比較検討してみたい。

## 三　木作りの特色と分布

御柱祭を斎行するために最初に必要な作業は、御柱となる木を山から伐り出し、神木にふさわしい形に整え、曳行の準備をすることである。これを「木作り」というが、木作りにはそれぞれの神社で決められ受け継がれている作法がある。その作法の段階を追って、押さえるべき重要な点を〈表2　松本地方の御柱祭　木作りの違い〉にまとめた。

まず注目されるのは、柱の長さである。基本となる一の御柱はいずれも諏訪と同様五丈五尺である。この点については、神社の大小、氏子の多寡にかかわらず揺るがないことは一つの特徴と言える。二の御柱以下は五尺落ち（五尺ずつ短くする）とすることが多いが、実際は一よ

〈表2　松本地方の御柱祭　木作りの違い〉

| 地域 | 神社名 | 長さ（一の御柱） | 伐採方法 | 表皮 | 曳き綱の取付け | 末綱の取付け | 足場 | 木作りの呼称 | 冠落し | 先導 | 采配 | 木遣り |
|---|---|---|---|---|---|---|---|---|---|---|---|---|
| 山辺谷以外 | 諏訪大社 | 五丈五尺 | 水平伐採 | 剥ぐ | 輪なぐり | メド穴に通す | なし | — | 三角錐 | 神社旗・地区の旗 | オンベ | 諏訪型 |
| | 小野神社 | 五丈五尺 | 水平伐採 | 黒木 | かんざし | メド穴に通す | なし | — | 上断面が三角形 | 国旗 神社の紋旗 地区の旗 | オンベ | 小野型＋サクリ |
| | 矢彦神社 | 五丈五尺 | 水平伐採 | 剥ぐ | 輪なぐり | メド穴に通す | なし | — | 上断面が円形 | 地区の旗 | オンベ | 小野型＋サクリ |
| | 沙田神社 | 五丈五尺 | 地面すれすれ水平伐採（ラッパ型） | 黒木 | かんざし | かんざし | 細い木材取付け | （男作り） | 三角錐 | 神社名旗 御柱名旗 | 大采配（オンベ）＋采配 | 山辺型 |
| | 神田千鹿頭神社 | 五丈五尺 | 水平伐採 | 剥ぐ | メド穴 ねじそ | 大トチ | 御柱側面を少し削る | — | 三角錐 | 御柱名木札 ゆき頭 | 大采配（オンベ）＋采配 | 山辺型 |
| | 林千鹿頭神社 | 五丈五尺 | 根掘り | 剥ぐ | メド穴 ねじそ | 大トチ | トチ、縄 | 男作り | 三角錐 | 梵天・ゆき頭 | 采配 | 山辺型 |
| 山辺谷 | 須々岐水神社 | 五丈五尺 | 根掘り | 剥ぐ | メド穴 ねじそ | 大トチ | トチ、縄 | 男作り | 三角錐 | 梵天・ゆき頭 | 采配 | 山辺型 |
| | 橋倉諏訪神社 | 五丈五尺 | 根掘り | 剥ぐ | メド穴 ねじそ | 大トチ | トチ、縄 | 男作り | 三角錐 | 梵天・ゆき頭 | 采配 | 山辺型 |
| | 宮原神社 | 五丈五尺 | 根掘り | 剥ぐ | メド穴 ねじそ | 大トチ | トチ、縄 | 男作り | 三角錐 | 梵天・ゆき頭 | 采配 | 山辺型 |
| | 大和合神社 | 五丈五尺 | 根掘り | 剥ぐ | メド穴 ねじそ | 大トチ | トチ、縄 | 男作り | 三角錐 | 梵天・ゆき頭 | 采配 | 山辺型 |

根堀り　須々岐水神社一の御柱

りもやや短くするにとどまるなど自由に運用されているようである。

これに対し、他の要素は、神社によって違いがある。まず伐採方法であるが、小野、矢彦、神田が諏訪と同様に切り株を残して地面に水平に伐り倒すのに対し、山辺谷の四神社および林千鹿頭神社は伐採に先立って「根堀り」という作業をし、根を残した状態で伐採する。そして、御柱の根元を大きく膨らんだ形に整える。この作業は、地面を掘り下げ木の根をすっかり掘り出し、伐採しやすいように主根を切り、伐採まで最低限木が立ち続けていられるだけの側根を残す。主根を切った木の根の下には、大人が入り込めるほどの空間ができる。携わる者の木に関する知識と技術が欠かせない行事である。これには氏子が総出で丸一日かかる。氏子たちも、一連の行事の中で最も地味で大変な力仕事だというほどである。

根掘りをする理由の一つとして、旧稿では「根元を残すことで細い用材でも大きく見える効果があると考えられ」ることを挙げたが、[17] その考えは改めるべきだと考えるに至っている。実際に根掘りの行事を目の当たりにしてわかることであるが、根掘りをする神社が水平伐採に移行することはあっても、その逆は有り得ない。また、見栄えだけのためにこれほど大変な作業をすることも有り得ないだろう。以前（第一部一章四において）『古事記』天の岩屋の条の「……天の香山の五百津真賢木を、根こじにこじて、上つ枝に八尺（やさか）の勾璁（まがたま）の五百津（いほつ）の御すまるの玉を取り著け……」の記述を挙げ、木を根ごと使う神事の古形であることを指摘したが、それに加え、木を根から掘り出すことで木の生命力をそのまま運び出すことに重要な意義を見ていくべきであろう。また、こうして根掘りをした御柱の根元は丸く膨らんだ形になるが、それを地元では「男作り」と呼んでいる。

興味深いのは、千鹿頭神社では、林の御柱は根掘りをするのに対し、隣り合う神田の御柱は諏訪、小野と同様水平伐採であることである。さらに、沙田神社はいわばその中間で、根元すれすれのところで水平に伐採する。そのため、伐り口はラッパ型に広がっており、そのまま曳行し、里曳きでお宮に到着した後、建立の前の冠落しと同時に根落しをして水平伐採の形状に整える。根元の形は異なるが、沙田の御柱でも、この伐り口の姿が良くなるような木を選定することは、見立ての重要な項目の一つであるとのことである。ちなみに、この伐り口の姿のこ

水平伐採　小野神社一の御柱、右手前が切り株

ラッパ型伐採　沙田神社一の御柱

男作り　須々岐水神社一の御柱

とを「男」と呼んでいるとのことである(18)。

根掘りをしている山辺谷の御柱にさらに注目してみると、御柱に曳き綱を取り付ける際の綱の取り付け方法にも特徴があることがわかる。それは、御柱の前方に上・左・右と三方から「めど」という穴を開け、そこに「ねじそ」という木を入れ通し曳き綱を固定する。ねじそは、捩粗朶（ねじそだ）からきた語だと考えらる。本来は水楢（みずなら）の幼木を伐り出し、水に漬けて柔らかくしたものを捩（ね）じってめどに通して曳き綱を固定するものである。現在は水楢の幼木を手に入れることが難しくなり、藤蔓（真藤）が用いられることが多いが、大和合神社では当年も水楢を用いた。

他に曳き綱の取り付け方で留意しておきたいのは、小野と沙田に見られる「かんざし」である。御柱の根元に水平にめど穴を開け、角材を通した姿が髪飾りの簪（かんざし）のように見えるもので、そこに曳き綱を取り付ける。実用性に富んだ方法であるといえよう。

輪なぐり　諏訪大社上社前宮三の御柱

かんざし　小野神社一の御柱

ねじそ付け　須々岐水神社二の御柱

ねじそで取り付けた綱の上での木遣り　須々岐水神社二の御柱

足場　大和合神社三の御柱

もう一つ、根掘りをしている御柱に特徴的なのは、曳行時、青年衆や木遣り師が乗る場所に足場を作ることである。根掘りをする御柱では、曳行時に御柱の上になる面を削って平らにしたうえで、その両縁にとちという、大釘に金輪がついた金具を複数打ち込み、金輪に麻縄を通して上面で交差させ美しい模様を作るとともに曳き綱を固定する。実用と装飾を兼ね備えた工夫である。こうした足場作りは、上に乗る人の安全確保とともに根を大切にすることと同様、人が乗る場所を綱で保護することで御柱を大きく傷つけることなく、大切に扱おうとすることの表れということができるのではないだろうか。

とちと麻縄をを用いて足場を作る御柱は、同時に末綱（うらづな）（後方の綱）の取り付けには大とち（大型のとち）を使う。しかし、神田千鹿頭神社は、根掘りをせず、足場も作らないが、末綱は大とちを用いて取り付けるという混合型であるのも興味深い。

このように木作りに視点を置いてみてくると、松本地方の御柱の中でも、山辺谷の四社と林千鹿頭神社、すなわち根掘り行事を行う神社の地域性が際立ってくる。(19) 小野神社、矢彦神社、沙田神社は、伐採方法は諏訪と同様であるものの、表皮の扱い、曳き綱の取り付け方、足場作りなどに独自の特徴を見せるとともにそれらが入り組んでいて、このあたりに諏訪と山辺谷の御柱の境界があるのは明らかである。それらが伝統的な様式と変遷を経た様式の違いであるのか、もっぱら地域的な特色であるのか、簡単に判断することはできないが、まずは各地の現在の祭の様式として確認しておきたい。

ところで、このような木作りの相違に関連して注目されるのが、祭を取り仕切るゆき頭の存在である。次節では、山辺谷の御柱祭でのゆき頭のあり方について考える。

## 四　ゆき頭という役割

諏訪大社上社御柱では、山を管理し伐採に関わる世襲の「山作り衆」がいるが、木をよく知り伐採等を取り仕切る役目を追う人を「斧方（よきかた）」、その長を「斧長（よきちょう）」と呼ぶ。斧は、山から木を伐り出して建てる祭、御柱祭の象徴であると言えよう。山辺谷ではこの役目を負う人を「ゆき頭（がしら）」と呼んでいる。ゆき頭のゆきは斧（よき）の松本・塩尻地方の方言である。入山辺では、

> 御柱の伐り出し、姿作り等根幹となる作業に携わる役員として、「ソウマ」を複数名選出し、また、御柱を伐ったり、建てたりする時の頭となる最も重要な役割を担う「ユキ頭」を一名決定する。

とされる。[20]「ソウマ」は「杣（そま）」の意であろう。須々岐水神社でもほぼ同様の意味であるが、「ゆき頭」は一名が指名され、ソウマはゆき頭のかつての呼び名だといわれる。ゆき頭を助ける立場の人は「副ゆき頭」「ゆき頭補助」などと現代的な呼び名で呼ばれている。

ゆき頭は、山林の保守や木の取り扱いに詳しい人であることが重要な条件であり、各町内会の推薦によって依頼・決定され、各町内からも神社からも独立して、伐採、山出し、里曳き、建御柱まで、祭の一切を取り仕切る。とくに須々岐水神社では宮司は社外の神事を行わないので、伐採、山出し、里曳きの開始にあたっては、ゆき頭が特有の「神事」を行う。そしてその存在の意味合いを象徴的に示しているのは、山出し、里曳きの際の、ゆき頭の立ち位置である。曳行がどのように先導され御柱が曳かれていくかを見てみたい。

諏訪大社では、先頭に諏訪大社の社旗が立ち、それに続いて、御柱を曳行する各地区名を染め抜いた大きな旗が並んで行進する。沙田神社でも、神社名を記した旗が先頭に立ち、続いて一〜四の各御柱を示す旗、次に四本の大采配（オンベ）が先導する。大采配は、諏訪のオンベの大型のものである。諏訪で木遣りに用いるオンベは、木を薄く長く削って柄に取り付けた御幣の一種で、風になびく姿は美しいものである。今回調査した神社では、小野神社と矢彦神社

ゆき頭の先導　須々岐水神社二の御柱

はオンベのみ、沙田神社と神田千鹿頭神社は大采配と采配、林千鹿頭神社と山辺谷では采配を用いる。「采配」とは、諏訪のオンベに相当する祭具で、幣の部分は諏訪に比べ短く、七色の色紙（金、銀、赤、青、緑、黄、白）を細く切ったものを束ねて球状に近く形作られ、華やかなものである。木遣りの際は、采配をくるくると回しながら歌う。なお、沙田神社の一の御柱の采配は、白紙のみで作られ、神社の幣帛を意識しているともいわれる。

これに対し、林千鹿頭神社と山辺谷の四社は、ゆき頭が常に御柱の先頭に立って先導する。ゆき頭は、梵天（幣束）を手に持ち、荒塩、洗米、紅白の切り幣を道の行く手に撒いて清めながら、御柱をお宮まで導いていく。また、ゆき頭は斧や、あるいは山道具を入れた袋を背負っているが、これは、御柱を曳行する際、もし邪魔になる木や草があった場合はゆき頭の判断で伐り倒して御柱を進める権限を持っているからだと説明されている。

こうして見てくると、根掘りを行っている神社では御柱祭におけるゆき頭の役割が、そうでない神社に比べて大きいことがわかってくる。それは何を意味するのだろうか。

諏訪大社の御柱祭を考えてみるとそのヒントがあるのではないか。御柱祭の一連の行事の中では、山奥で行われる見立てや伐採は重要ながら一般の人目には触れにくい。多くの人が祭を見ることができるのは、山出し以後、ことに里曳きの行列や建御柱である。その結果、とくに山出し以降は「人を見られるなら諏訪御柱」ともいう詞が示すように、御柱行列の賑わいに注目が移り、現在見るような華やかな行列や建御柱の祭になっていったと考えられる。もちろん、諏訪の御柱においては斧方は現在でも斧を背負い常に御柱の傍らについて移動し、大役を担っている姿を確認することができ、重要な存在であることに変わりはない。しかし、比較の問題として、根掘りを行う神社でのゆき頭の役割の重要性は相対的に大きく目にすることができる。根を丸ごと掘り出し、木を傷めないように運ぶ様式とも合わせ、木の祭、御柱祭の、より始源的な意味を語っているのが、ゆき頭（ソウマ）の存在なのではないかと考える。

## 五　おわりに

平成二十九年の春から秋にかけて行われた松本地方の御柱祭行事の中から、木作りに注目して各神社の特色を解き明かすことを通して、根掘りを行う神社の御柱とそれを取り仕切るゆき頭、ソウマとよばれる役の重要性に行きついた。山辺谷の御柱祭にはそれが色濃く残っていると同時に、その境界が千鹿頭神社あるいは沙田神社にあると考えられるのは興味深い事実であった。さらには、小野神社、沙田神社の独自性も浮かび上がることとなった。

しかし、今回の調査は松本地方の限られた範囲に留まっている。北信、南信で広く斎行されている御柱祭との比較も必要になる。一方、同じ山辺谷の中にあって、入山辺の南方神社は御柱祭を斎行しない。こうした、諏訪系神社ながら御柱祭を行わない神社は県内他にもある。なぜ御柱祭を行わないのかを考察することで、あらためて御柱を行うことの意味を照らし出すヒントが見つかるかもしれない。

また御柱祭には他にも、各神社例大祭との関わり、騎馬行列の有無、木遣り、長持ち歌などの芸能といった豊かな内容を持っており、異なる視点から比較検討すべき課題は山積している。

信州各地、そしてその周辺に広がる御柱祭の地の皆さまに、さまざまな観点からご教示いただければ幸いです。

〈注〉

1 拙著「須々岐水神社御柱祭―平成二十三年、二の御柱を中心に―」『長野県民俗の会通信』二二〇号 二〇一一年、「須々岐水神社の御柱祭」『長野県民俗の会会報』三五号 二〇一三年（本書第一部一章）、「須々岐水神社御柱祭関係用語集」『長野県民俗の会通信』二三八号 二〇一三年（本書第一部一章付帯資料）

2 信濃国三之宮については、穂高神社であるとの異説もある。

3 多くの行事が短期間に並行して行われたためすべての行事を記録するのは困難であったが、聞き取りをはじめ、地元新聞（信濃毎日新聞、市民タイムス）、情報誌（週刊まつもと、タウン情報）、テレビニュース等公共の情報も含めできるだけ情報収集に努めた。なお、行事の名称は各神社によって異なる。例えば、諏訪大社の「建御柱（たておんばしら）」は他では「建立（こんりゅう）」や「建前（たてまえ）」と呼ばれることもある。一社内でも地区や人によって異なる呼称を用いる場合もある。表には、代表的な名称で示した。

4 赤羽篤「小野神社」谷川健一編『日本の神々―神社と聖地』第九巻 二〇〇〇年

5 平成二十九年三月二十五日小野神社山出しでの聞き取りによる。

6 北小野地区振興会・塩尻市観光協会『信濃国二之宮小野神社 平成二十九年丁酉歳式年御柱大祭』二〇一七年

7　社殿に掲げられたの略記の表記による。本文には「彦火々見尊」とあったが、「出」を補った。

8　小松芳郎「沙田神社」谷川健一編『日本の神々―神社と聖地』第九巻　二〇〇〇年

9　『松本市史』第四巻旧市町村編Ⅳ　一九九四年

10　注9に同じ。

11　『信府統記』第十九（『新編信濃史料叢書』第六巻　一九七三年）

12　元和元（一六一五）年十月「薄宮御柱立人足觸状」（上条家所蔵文書）

13　注9に同じ『松本市史』に「明治二十八年六月　須々岐水社取調上申書」中の御柱式次第の項に「七ヶ年一回建換旧暦干支卯酉ノ年十月初卯酉ノ日或ハ中卯酉ノ日ヲ以テ定例日トシ、…」とみえる。

14　平成二十九年四月二十九日橋倉諏訪神社里曳きでの聞き取りによる。

15　入山辺文化誌編集委員会『入山辺文化誌』上巻　二〇一四

16　注1「須々岐水神社御柱祭関係用語集」

17　注1「須々岐水神社の御柱祭」（本書第一部一章四、p23）

18　平成二十九年九月二十三日沙田神社御柱祭例大祭にて聞き取り。

19　林千鹿頭神社の林・大嵩崎地区は、須々岐水神社に隣接する地域に在り、地籍も同じ松本市里山辺に含まれる。この年、須々岐水神社の一の御柱は大嵩崎地区の山林から献木されるなど、その関係性は深いといえる。

20　15に同じ。

# 三章　松本地方の御柱祭

## ――木遣りとその詞章にみる地域性――

# 一　はじめに―諏訪大社の御柱祭と「一年遅れ」の御柱祭

諏訪大社は、信濃国一之宮とされ、長野県の諏訪湖周辺に上社（本宮―諏訪市、前宮―茅野市）、下社（春宮―下諏訪町、秋宮―下諏訪町）合わせて四ヵ所に境内地を持つ。この諏訪大社の式年神事に「式年造営御柱大祭」がある。通称「御柱祭（おんばしら）」である。（本稿では、以下通称の「御柱祭」と記す）[1]。七年に一度(数え年で七年め、実際には六年に一度)寅と申の年の春に行なわれる祭で、山から伐り出した樅の大木（御柱）を、里の社まで氏子が力を合わせて曳いて行く。山の斜面を御柱もろとも滑り降りる「木落し」(上社、下社)や、雪解け水が流れる宮川を渡る「川越し」(上社)、人が乗ったまま柱を建てる「建御柱」などの勇壮な場面が有名で、「天下の奇祭」と称される由縁であるが、それは祭の一部である。境内の宝殿を新築し、宝物を移す「宝殿遷座祭」も含め、御柱祭という。

なぜ御柱を建てるのかについては長い間議論が行なわれてきた。なかでも有力なのは、社殿造営代替説（定期的に社殿を新造する代わりに柱のみ建て替える）とされる。しかしながら、未だ定説と言えるものは無い[2]。

大社の御柱祭に倣い諏訪地方では、「小宮」と称する、各地区の鎮守、氏神、産土神などでも、主に同年夏～秋に御柱祭を行う。また、飯田、伊那、上田、長野など信州の各地域の諏訪系神

諏訪大社下社山出し　木落し

諏訪大社上社　宝殿遷座祭

社でも同年内に御柱祭が行われている。

ところが、同じ信州でも、塩尻から松本にかけての地域では、翌年（卯、酉の年）に御柱祭が行われる。この地域の御柱祭は、斎行時期だけでなく、木作りをはじめとした祭の作法、木遣りの所作や詞章に諏訪とは異なる点が多くみられる。筆者は、平成二十三（二〇一一）年に松本市の須々岐水神社の御柱祭を調査し、木作りや木遣りの作法が諏訪とは異なる様式を持つことを報告した[3]。それをふまえ平成二十九（二〇一七）年には、調査対象を、一年遅れで御柱祭を行う、塩尻を含めた松本地方の八神社へと広げた。斎行時期を同じくする神社群は、何か地域的な特色を持つ可能性があると考えたからである。その結果として、須々岐水神社だけでなく、松本地方の御柱祭には、祭の根幹となる木作りを中心とした様式に地域的な特色があることを確認することができた[4]。

本稿では、祭の様式から視点を転じ、祭の開始から終了まで様々な場面で耳にする木遣り唄に着目して、諏訪とは異なるその地域性について考察してみたい。

## 二　御柱祭の概要と木作りの類型

木遣りについて述べる前に、平成二十九年の御柱祭調査において明らかになった、木作りを中心とした地域的特色とその類型について概観しておく[5]。調査の対象としたのは、次の九神社である（図1）。

○小野神社・矢彦神社〈信濃国二之宮〉（塩尻市北小野、上伊那郡辰野町小野、両地区の境に神域を隣接して祀る。）

○沙田神社〈信濃国三之宮〉（松本市島立[6]）

○千鹿頭神社（松本市神田、里山辺林、両地区の境（千鹿頭山の尾根）に社殿を隣接して祀る。）

○松本市薄川流域の四神社

須々岐水神社（里山辺薄町）、橋倉諏訪神社（入山辺橋倉）、宮原神社（入山辺宮原）、大和合神社（入山辺大和合）

とくに松本市里山辺と入山辺の四神社は、美ヶ原高原を水源として西流する薄川が刻んだ谷に沿って点在している。これを地元の地名呼称を用い「山辺谷」の神社と総称する。

御柱祭は、当年だけでなく前年あるいは前々年

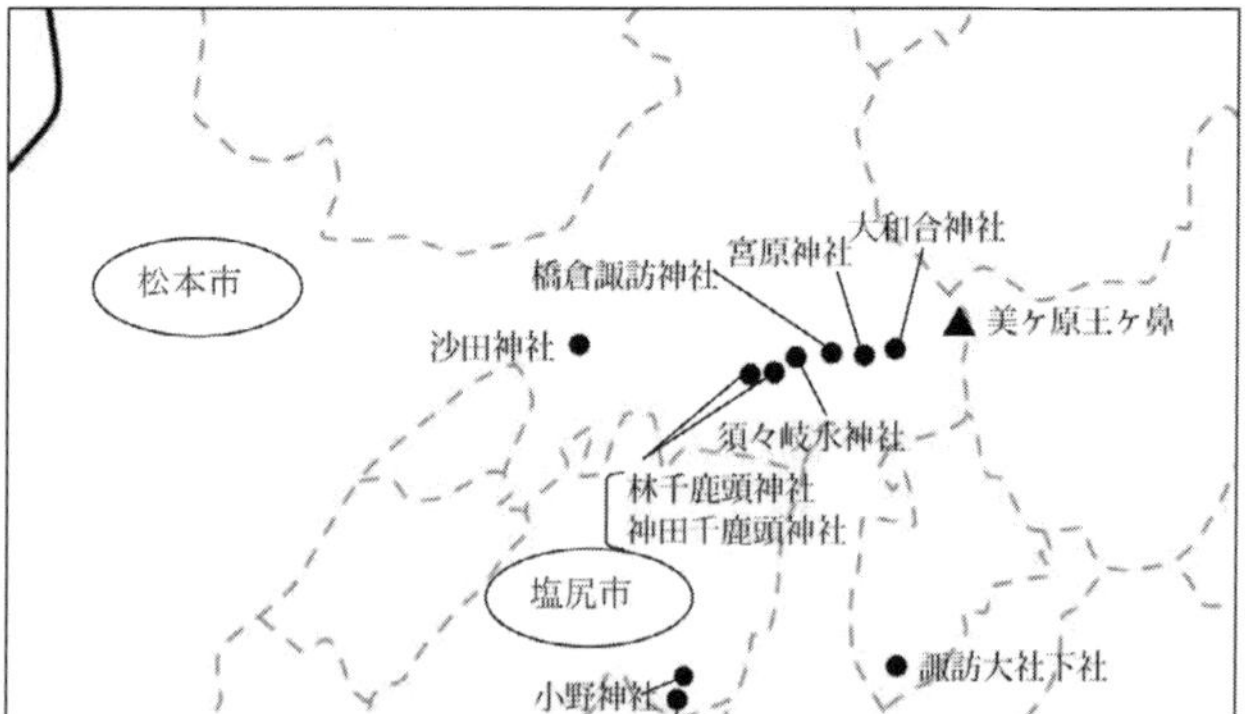

図1　諏訪大社と松本地方の御柱斎行神社

から大小様々な行事があり、綿密に準備される。それぞれの行事の名称は各神社によって相違があるが、大きな流れは共通しており、次の八段階にまとめられるといってよい[7]。

①仮見立て　御柱となる候補木をあらかじめ見定める。
②本見立て　御柱となる木を決定する。
③伐採　御柱となる木を伐り出す。
④木作り　伐採した木を御柱として相応しい形に整える。
⑤綱縒り　山出し、里曳きに用いる曳き綱を縒って作る。
⑥山出し　御柱を山から里へ曳き出す。
⑦里曳き　御柱を曳行し神社へ運ぶ。
⑧建御柱　御柱を境内に建てる。

この中でとくに注目されるのは、③伐採と④木作りの方法である。小野、矢彦、神田千鹿頭では、諏訪と同様に切り株を残して地面に水平に伐り倒す。一般的な伐採方法である。本書ではこれを「水平伐採」と呼ぶことにする。これに対し、山辺谷の神社および林千鹿頭では伐採に先立って「根掘り」という作業をする。この作業は、地面を掘り下げて木の根をすっかり露出させ、伐採しやすいように主根を切り、伐採まで木が立ち続けていられるだけの側根を残す。

根掘り　須々岐水神社一の御柱

主根を切った木の根の下には、大人が入り込めるほどの空間ができる。すなわち伐採は、幹ではなく根を伐ることになる。これに携わる者の、木に関する知識と技術が欠かせない行事である。この作業は手作業で、氏子が総出で丸一日かかる。氏子たちが、一連の行事の中で最も地味で大変な力仕事だというほどである。

『古事記』天の岩屋の条には「……天の香山(かぐやま)の五百津真賢木(いほつまさかき)を、根こじにこじて、上つ枝に八尺(やさか)の勾璁(まがたま)の五百津(いほつ)の御すまるの玉を取り著け……」という記述があり、木を根ごと掘り出して祀ることが神事の古形としてあったことが推定される。上代文献と現代の神事をそのまま結びつけることには問題はあるだろうが、木を根から掘り出し木の生命力をそのまま運び出すことに重要な意義があったと読み取るべきであろう。また、根掘りをした木を「木作り」し、御

木作り「男作り」

柱の形に整えると、根元は丸く膨らんだ形になる。それを地元では「男作り」と呼んでいる。

興味深いのは、千鹿頭の二神社の有り様である。林では根掘りをするのに対し、神田では諏訪、小野と同様に「水平伐採」をする。隣接する神社の伐採方法が全く異なっているのである。

沙田神社はいわばその中間で、わずかに根元の土を除け地面すれすれのところで水平に伐採する。そのため、伐り口はラッパ型に広がっている。これを「ラッパ型伐採」と称する。この形態で曳行し、お宮に到着した後、建御柱の前の冠落しと同時に根落し（根本を切り落す）をして「水平伐採」の形状に整えてから御柱を建てるのも独特である。

ところで、根掘りをする神社の木作りについて、詳細をみると、曳き綱の取り付け方（ねじそ、とち、大とちを用いる）や、御柱に人が乗る足場作りの有無、木にまつわる行事をとりしきる「ゆき（斧）頭[8]」の存

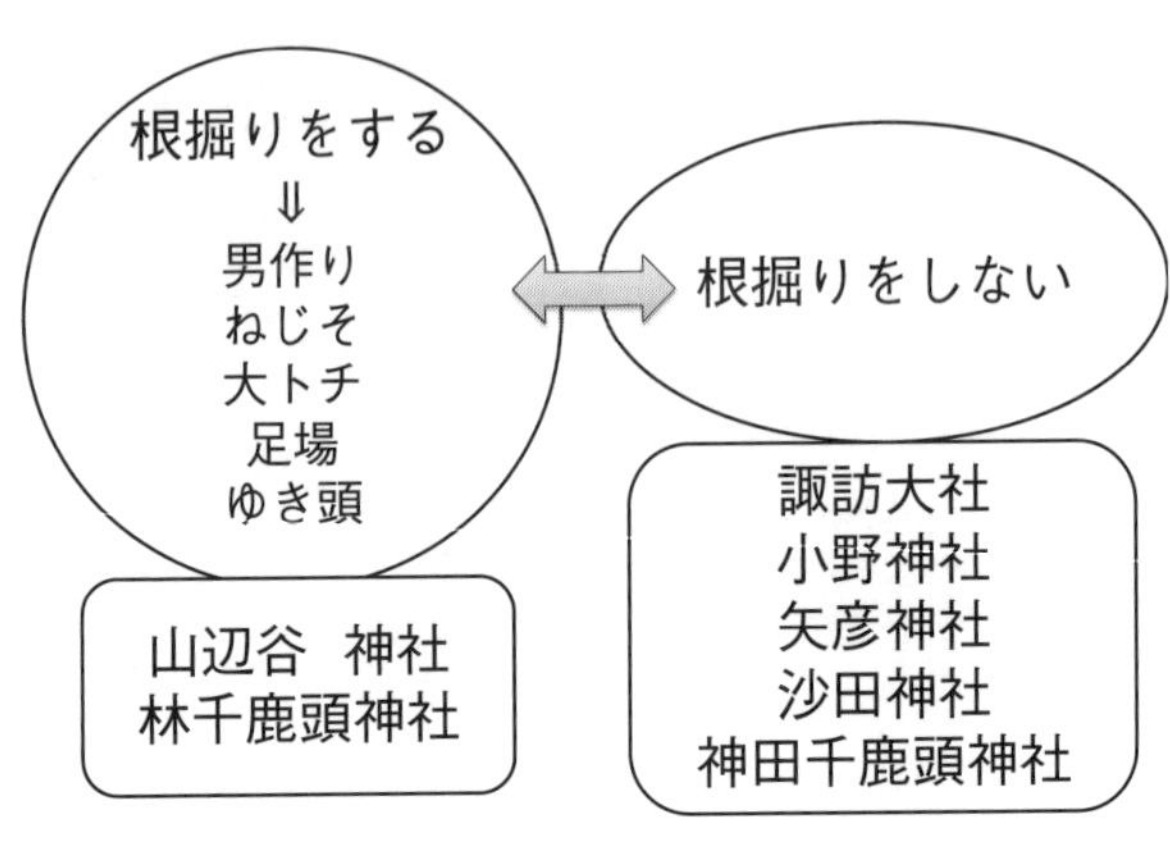


図２　木作りの類型とその境界

在の大きさ等に共通性がみられることが指摘できる。これを図に表すと図2のようになる。

こうしてみると、木作りから見た場合、千鹿頭神社の二社の間の尾根に境界があることがわかる。林千鹿頭神社の氏子が住む林・大嵩崎地区は薄川の左岸にあたり、須々岐水神社の氏子地域と隣接する。山辺谷の神社および林千鹿頭神社という根掘りをする神社は、薄川流域に位置する神社として一つのまとまりを成している。木作りを視点として、「山辺谷」という地域性と矛盾することはない。

そうした地域性が、他の面から見た時にも確認できるのか、次節では木遣りに視点を移して考察する。

## 三　木作りと木遣りの型の関係

前節では、木作りから見た地域性について考えたが、本節では各神社の木遣りのあり方について詳しく検討してみたい。木遣りは、祭の開始から終了まで途切れることなく聞こえ、祭の進行にも深く関与していると考えられるからである。

木遣り（木遣り唄）とは、

元来、山から大木を伐り出し、大勢でそれを運搬する時に歌われる労作唄であるが、運搬する木が御神木や建築用材となる関係でめでたい唄とされ、のちに石を曳く場合、祭礼の山車（だし）を曳く場合、地つき・石つき・舟おろし、その他の綱を引く作業にも歌われ、転じて三味線伴奏の座敷木遣として室内で祝宴の際にも歌われるようになった。

と説明される。(9)

木遣りは基本的には（1）始めの掛け声（2）詞章（3）囃子詞（はやしことば）の三部構成である。途中に合いの手が入る場合もある。

諏訪大社上社・下社では、「オンベ」を持ち、(10)甲高い声で「ここは木落しお願いだ」など、曳行の場面に応じた短い詞章で氏子の力を引き出す。例えば、次のような形である。

（1）（掛け声）ヤー

（2）（詞章）力を合せてお願いだ

（3）（囃子詞）ヨイサーヨイサーヨイサー

同じ諏訪大社でも、上社と下社では節回しや囃子詞に違いがみられる。下社には、棚木場（たなこば）（山出し前の御柱置き場）と注連掛（山出し終了から里曳きまでの置き場）での曳行開始前、曳行終了後などの要所で、詞章が多少長い木遣りもある(四—(一)で述べる)。木遣りを発声することは、しばしば「なく(鳴く)」と表現される。[11] 筆者が聞いたものでは、曳行中に御柱が止まってしまった時に、木遣りを促す場面で「鳴け、鳴け!」という声が掛けられ、「鳴いていいッスか」と応じるやりとりがあった(二〇一六/五/十四　下社里曳き　春宮到着前)。

このような木遣りを本稿では「諏訪型」と呼ぶことにする。

諏訪の木遣りは、その発声の特殊性もあり、「木遣り師」と呼ばれる人が担当する。現在では各地域で木遣り保存会が作られ、普段から研鑽を積み、コンクールも行なわれている。子どもによる木遣りもある。掛け声、囃子詞、所作等については次の通りである。

【掛け声、囃子詞】

ヤー　[詞章]　ヨイサー、ヨイサー、ヨイサー(上社)

ヤーレー　[詞章]　ヤレヨーイサ、エーヨイテコショ(下社)

エー　[詞章]　コーレワサーノーエー、ヨイサー(下社)

【祭具、所作】

右手にオンベを持ち、右手または両手を高く上げて直立不動で発声する。

小野・矢彦神社では、諏訪に似た短い木遣りに加え、長い詞章を唄い上げる木遣りがある。短い木遣りは「サクリ」と呼ばれ、諏訪と詞章、用途はほぼ同じだが、節回しが異なる。長い

小野神社一の御柱　山出し曳き出し

詞章の木遣りの内容は御神徳由緒や神社境内を褒め称える唄など、多岐にわたる。サクリは「なく（鳴く）」といい、木遣りは「うたう（唄う）」という。古くから伝わる伝統的な詞章とともに、新しく作られる詞章もある。このようにサクリと長い詞章の木遣りを併せ持つ形態を「小野型」とする。

【掛け声、合いの手、囃子詞】＊〈　〉内は周囲からの合いの手、囃子詞

○サクリ　ハー　［詞章］　ヨイテーコショ、ヨイテーコショ〈ヨイショ〉

○木遣り〈ホイ〉［詞章］　エンヤーノセー

【祭具、所作】

右手にオンベを持ち、両手または片手を高く上げて唄う。サクリのときは、両手をゆったりと前に押し出すように動かす。

木遣りを担うのは、木遣り保存会、若者、子

須々岐水神社二の御柱　曳行中の木遣り

どもである。

沙田神社、神田・林千鹿頭神社、山辺谷の神社には、諏訪の木遣りや小野の「サクリ」にあたる短詞形のものは無い。御柱の曳行にしたがい、祭が進行する時と場所に応じて、趣向を凝らした詞章で披露される木遣りは「木遣り唄」の意識が強い。氏子に確かめると、「唄う」イメージなのだが、「唄う」とは言わず「やる」と表現するとのことである。木遣りを促す時は「木遣り、やれや」、「木遣り、やってくんねかい（やってくれないか）」などと言う。

詞章は七音・五音を一小節として複数小節を連ね、物語のように唄語りする。長々と連ねることもできるが、現在では十小節、時間にして二分くらいに収めるのが、聞く方も飽きず適当だとされている。[12] 伝統的な詞章はもちろん、地域の情勢や時事を含んだ新しい詞章であることも多い。こうした新しい詞章は、しばしば即興であるとされる。文字通りの即興であることもあるが、木遣りをやる人によれば、実際には木遣りをやる時と場を勘案し、あらかじめ入念に作詞するとのことである。すなわち、その年の祭のために十全に準備された「唄語り」なのである。このような、唄語り型の木遣りを「山辺型」と呼ぶこととする。

「山辺型」は、諏訪、小野とは、持ち物の祭具と所作も大きく異なる。オンベではなく、細く切った色紙を球状に束ね、細い竹の棒の先に取り付けた「采配」を用いる。これを右手に持って振り回し、独特の振付けをともなって木遣りをやる。

担い手は、地域により、専門の木遣り師による所、氏子の中で上手な人がやる所、氏子なら誰でもできる地域など、事情に応じ様々である。[13]

【掛け声、合いの手、囃子詞】

キヤレー　皆さまごめんなよ〈ソーイ、ソイ〉ハーエ［詞章］〈オイサー、オイサー〉

詞章が長く連なることから、最後の小節の前には、「ハイ」と一際大きな声をあげる。それが、これで最後という合図になる。末尾の、周囲からの囃子詞は無い所もある。

【祭具、所作】

右手に采配を持ち一小節につき采配を内側に二回半ゆっくりと回しながら足を一歩踏み出し、続いて外側に二度回しながら一歩戻る（二回半回して、二回戻す）という振り付けに合わせて木遣りをやる。周囲の氏子や観衆を意識し、木遣りが皆に聞こえるように身体の向きを変えながら披露しているように見える。

沙田神社は、詞章、所作ともに山辺谷の木遣りと近似する。しかし、掛け声、節回し、囃子詞に独自の調子がある。木遣りは「やる」と言う。

【掛け声、合いの手、囃子詞】

サアーヤルゾヨー〈ハイ〉［詞章］エンヤラサー〈サーノーエンヤラサー　ソーイ〉

【祭具、所作】

右手に采配を持ち、詞章に合わせ振り回す。この時、山辺と同様に足を動かし体の向きを変える。

沙田神社で独特なのは、御柱曳行の途中で、寄付をしてくれた人にお礼として個別に木遣

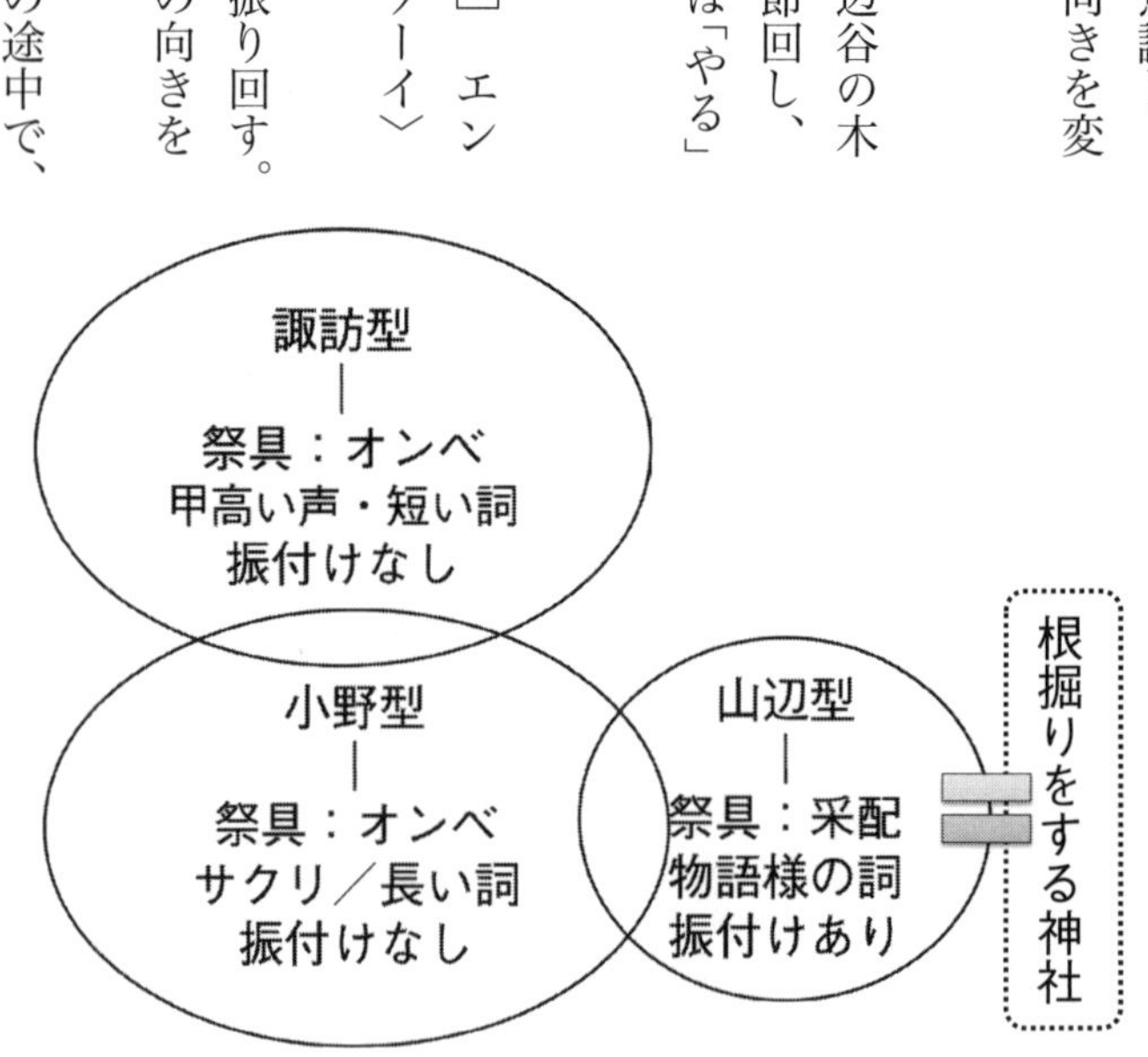


図３　木遣りの地域性

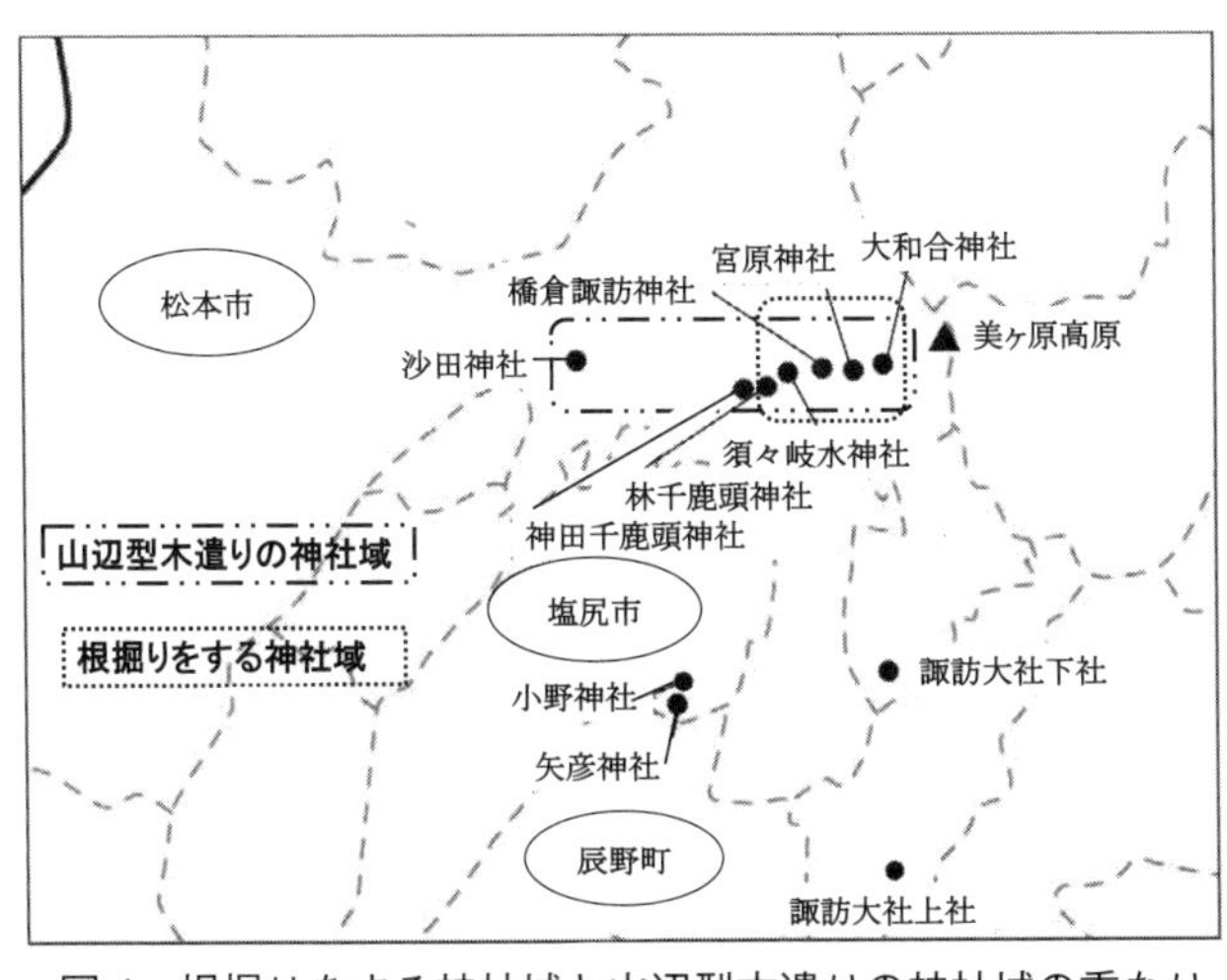


図４　根掘りをする神社域と山辺型木遣りの神社域の重なり

りをやる習慣である。また、木遣りのほかに建御柱の際の胴突き唄もある。

以上、各神社の木遣りの特徴を図に表してみたのが図３である。諏訪型と小野型は、持ち物（オンベ）や所作、短い詞章の有無において重なる部分があるが、小野型では長い詞章を唄いあげる木遣りをもつという大きな違いをみせる。長い詞章をもつ特徴は山辺型との共通点である。

山辺型の特色は采配を持ち、それを回す身体的な所作を伴いつつ長い詞章を連ね、物語を語るように唄語りすることであるが、その分布は神田千鹿頭神社を除いて、木作りの際根掘りをする神社と重なっている（図４）。木作りという、祭の根幹となる様式の面からも、祭を支える人が生み出す木遣りの型の面からも、山辺谷というのは御柱祭において、一つの大きな特色を持つ地域であると注視してよいだろう。

次節では、山辺谷の木遣りの特徴を、その詞章を分析することを通してさらに探ってみたい。

## 四　山辺谷の木遣りの詞章分析

木遣りが、そもそも行事の始めや節目での掛け声であり、氏子たちの気持ちを鼓舞し、祭を円滑に進行させる働きをもっていることは先述した。

そこで改めて山辺谷の木遣りをみると、御柱の曳行を盛り立てる本来的な意味だけでなく、祭の進行に伴う様々な場面での唄も包括されていることがうかがえる。本節では、山辺型の木遣りの、祭の場面に応じた多様な内容について分析してみたい[14]。

ことに、山出し、里曳きの曳き出しと曳き終わりを告げる「綱渡り」「綱返し」と呼ばれる特別な唱え詞については、それ以外の木遣りと分けて考えることにする。

### 四—㈠　「やまと」と「綱渡り」、「綱返し」

山辺谷の御柱祭では、山出し（中出し）[15]、里曳きの曳き出しにあたって神事を執り行う。この神事は宮司が行なうところとゆき頭が行なうところがある[16]。これに続き、ゆき頭による「やまと」が行われる。その名の由来は不明である。この「やまと」も神事という意識で執り行われているようである。ゆき頭を先頭に、木元（御柱の提供者）、木遣り師、御柱総代、青年の年長など主だった役の者が御柱に乗り、采配を頭上で円を描くように回しながら声をそろえて詞(ことば)を唱える。このときの唱え詞を「綱渡り」という。曳き出しにあたり儀式性を強く示すものであると解釈される。他の木遣りとは節回しも所作も全く異なるため、これを木遣りの範疇と捉えるか否か、慎重に審究すべき問題を残しているが、現段階では特殊な木遣りの一つと位置づけておきたい。

須々岐水神社の例を挙げると、

やっと　やまとの綱渡り　よい声でわっさりと　もうひと声のおやといだ　お願いだー
（一の柱）

やっと　やまとの綱渡り　よいお声だよ　わっさりと　いまひと声のおやとえだー
（二の柱）

と唱える。「おやとい（え）」は、「祭のお雇い」の意とも「親と子で心を合わせ頑張って引っ張ってください」の意ともされる。(17) 橋倉諏訪神社では

やまと　やまとの綱渡り　お手を揃えてお願いだ　やまとは三声(みこえ)で掛け声だ　ヨイサー
ヨイサー　ヨイサー

と詞章は変わるが、やはりゆき頭が先頭に立って執り行われる。まさに、これから綱を曳くことを宣言し祭の始まりを印象づける、神事の性質を帯びた詞章であるといってよいだろう。しかし、何故そのような詞章になったのか、どのような意味か、不明な点も多い。御柱祭が基本

須々岐水神社一の柱　中出し　綱渡り

須々岐水神社一の柱　中出し　綱返し

的に口伝えに受け継がれてきた年月の長さを感じさせる。
これに対し、曳き終わりの際には「綱返し」を行う。これは曳行終了を告げる神事である。詞章は「綱渡り」の語を「綱返し」に変える。須々岐水神社一の柱では、采配を逆さに持ち、向きも後方、すなわち曳いてきた方向を向いて唱え、曳き綱を外す。
諏訪にも曳行開始を示す「綱渡り」の木遣りは存在する。とくに下社には、棚木場（山出し前の御柱置き場）と注連掛（山出し終了から里曳きまでの置き場）の出発時、神社到着時などの要所で詞章が多少長い木遣りもあることは三節で触れた。上社の「綱渡り」は、

ヤー　めでたく清く御綱渡り
（上社山出し　綱置き場・綱渡り[18]）

といった短い詞章である。下社の場合は、

ヤアーレー　元から末まで綱渡り
ヤアーレー　伊勢神明　天照皇大神宮　八幡大菩薩　春日大明神　山の神が先立ちて　花の都へ　曳きつけるヨーイサ　ヤレヨーイサ　エーヨイテコショ
（下社里曳き　注連掛け・綱渡り　二〇一七／五／十四）

など、やや長い詞章がある。ところがこれに対応する「綱返し」という木遣りはみられない。これに対応するものは、「山の神返し」ではないかと考えられる。上社では建御柱の際、次のような詞章で、御柱を先導してきた神を山に返すという内容を示す。

山の神様　お帰りだ
（上社　建御柱・山の神返し[19]）

下社では、次のような詞章となる。

ヤアーレー　恋にこがれし　花の都へ　曳きつけ　山の神これまで　ご苦労だ　元の社へ
返社なせヨーイサ　返社なせヨーイサ　ヤレヨーイサ　エーヨイテコショ

（下社　秋宮・山の神返し[20]）

上社では「綱渡り」も「山の神返し」も、発声と所作は普通の木遣りと同様なので、この木遣りが特別なものとの認識を持ちにくいのではないか。これに対し、下社では始まりの「ヤアーレー」の発声の仕方（低い声から次第に高い声へと引き上げる）や節回しが、普通の木遣りとは異なっており、この場の特殊性を印象付ける。

## 四―(二)　伝承された詞章の木遣り

木遣りが労作唄から始まるという由縁は、「ここは○○お願いだ」「力を合わせてお願いだ」などの短い詞章で、ここぞという時に曳き手の力を引き出そうとする諏訪の木遣りによく表れている。それに対し山辺型の木遣りでは、祭の進行に合わせ、祭の中で神の由来や祭の意義を確認するもの、曳行の際困難な場所で曳き子を和ませて疲れを癒したり励ましたりして進行を促進する役割を負うものがあることに気づく。

山辺型の木遣りは長い詞章を通じて、どのような場面で何を語ろうとしているのだろうか。祭の日に記録した詞章をみると、伝承的な木遣りと、時事を含めた創作的な木遣りとに大別することができそうである。その実際を、須々岐水神社の木遣りを中心にみてみたい。
本節では、伝承された詞章について述べる。
須々岐水神社では、神の由来や祭の意義を確認する、次のような木遣りがある。

キヤレー　一同の若い衆[21]
里より入へ三里ほど
明神平を下られて
ここに鎮座の須々岐宮
薄は片葉に変われども
身振り変わらぬ御柱を
建てる願いは叶うなら
百も生きましょ若い衆
元気いっぱい頼みます
（一の柱　里曳き　鳥居前　木遣り師　二〇一七／五／五）

これは、薄川の上流、現在須々岐水神社の奥社が置かれている明神平（入山辺）から、薄宮大明神が薄の舟に乗って川を流れ下り、現在の地（里山辺）に流れ着き祀られたという、神社の由緒を語る木遣りである。[22] その時、神が乗ってきた薄は片側の葉が取れて「片葉」になったと伝えられる。「片葉の薄」は現在でも境内に植えられている。氏子やそれを見守る人々は、曳行してきた御柱が鳥居を入る前に木遣りによって神社の由緒を確認するのである。

キヤレー　皆さまごめんなよ
昔々のその昔
はるばる来たりし高麗人（こうらいびと）
奈良の都を国作り
信濃に来たりしその人は
その名も高き須々岐宮（すすきみや）
ひらいた山辺は今盛り
神のめぐみもあらたかに
氏子繁盛お願いだ

（一の柱　曳行中　木遣り師　二〇一七／五／五）

奈良の都から遥々（はるばる）信濃にやってきた渡来人が「須々岐」姓を賜り、須々岐の神を祀り山辺の地を開拓したという伝説が地元にはある。付近には、高句麗式の積石塚古墳である針塚古墳も発掘・復元されている。木遣りは、神の由来のみならずそれを祀る氏子の伝承も語るのである。

御柱祭当日、祭の進行に従って木遣りの内容も変化する。里曳きの例を示す。

キヤレー　皆さまごめんなよ
今日は日もよし天気よし
七年一度の御柱は
御殿山にて生を受け
○○（＝木元の姓）様なる杉子さん
町会一同が参加して
握る曳き綱思い込め
須々岐宮へと送ります
皆の力を一つにし
協力あっての二の柱
無事に嫁入り終えるまで
皆さまよろしくお願いだ　（二の柱　里曳き　曳き出し　上金井年長　二〇一七／五／五）

これは、里曳きの曳き出しにあたっての年長による木遣りである。年長とは、実質的に祭を担う青年のまとめ役である。天候の挨拶に始まり、その日に奉納する御柱が何処（誰）の山の、何の木（杉）であるかを紹介、それを送り出すことを宣言し、斎行の無事を祈る。木の由来を語り、木元へのお礼の意を込める儀礼的な内容であるといえる。興味深いのは、御柱となる杉の木を擬人化し、生まれ育った山から須々岐水神社へ嫁入りする（婚礼）と捉えていることである。沙田神社を含めた松本地方の御柱祭では、この認識にあわせるように、木の授受にあたり木元と御柱総代の間で「結納」も行われる。

この後、いよいよ曳行となる。途中、木元の家の前を通過する時には、御柱を止めて御礼の木遣りをやる。また、ある集落を通過して他の集落へ入って行く際は、その集落への挨拶や土地讃めの木遣りもある。

宮原神社の里曳きで、駒越（こまごえ）という集落で休憩し、千手（せんぞ）集落へ入る際には

（以前聞き取れず）御柱（みはしら）駒越で
一杯もらってお輿入れ
皆さまお世話になりました
これより嫁いで参ります
今後駒越のご繁栄と
ますますのご繁盛
どうか皆さまお願いだエー

（宮原神社一の御柱　里曳き　木遣り師　二〇一七／四／十六）

といった具合である。道祖神の前で行う例も見受けられ、通行人が境界を往来する際に神に祈った習俗も想起させる。

曳行が進み、神社到着時には、氏子の苦労をねぎらうような木遣りもみられる。

キヤレー　皆さまごめんなよ
今日はめでたい里曳きで
無事に御柱（みはしら）引きつけて
今はうれしい共笑（ともわら）い
中でも青年皆の衆
心意気など申すなら
連名尽くしで詠みまする
新井の町会見てみれば
若葉の萌えたつ若草連
湯の原町会見てみれば
湯煙沸き立つ白糸連（しらいとれん）
藤井の町会見てみれば

朝日に勢い朝日連
上金井町会見てみれば
四箇（しか）を丸くとやまとめ上げ
圓上連（えんじょう）とや申します　（二の柱　里曳き　神社到着　上金井年長　二〇一一／五／五）

これは、二の柱を共同で担当する四町会の連の名を紹介しつつ、無事に神社までたどり着いたことのめでたさと喜びを述べたものである。これには、趣向を変え土地自慢を織り込み名所尽くしでまとめた、次のようなバリエーションもある。

キヤレー　皆さまごめんなよ
本日まことにご苦労さま
お神酒もたくさんいただいて
口はうまくもござらぬが
山辺の木遣りを聞いとくれ
旨い葡萄は上金井（上金井は山辺葡萄の産地）
蝶々を見るなら藤井谷（藤井の山の谷には蝶が多く生息）
お湯に浸かるなら湯の原で（『日本書紀』にある束間の湯ともされる美ヶ原温泉を抱える）

粋な男を見るならば
それは新井の若い衆　　　（二の柱　里曳き　神社到着　新井青年　二〇一七／五／五）

これは、四町会の特色といえるものを順に挙げた土地自慢である。短い言葉の中に各町会の特色を面白くまとめている。この後に続く建御柱に向け、長い曳行の道のりで疲れかけた心身をほぐすような計らいと言えよう。

一方、沙田神社では曳行中、山辺谷では見かけない木遣りを聞くことができる。それは、沿道の家や商店、会社などからご祝儀が出たときの返礼としての木遣りである。家族や店員が、玄関先や店先に集まり畏（かしこ）まって木遣りを聞いている姿には、ほのぼのとした雰囲気がある。一般の木遣りが、広く祭に参加している氏子衆や、周囲で見守る観衆に向けてのものであるのに対しこれは、祝儀の提供者個々に向けられた木遣りなのである。これにより、複数いる木遣り師もほとんど休みなしの状態である。

沙田神社四の柱　里曳き　祝儀のお礼木遣り

サアーヤルゾヨー
今日はめでたいお祝いで
○○様より祝儀出た
こんなまぁ嬉しいことはない
○○様のまぁお家には
七福神が舞い降りて
お家の繁栄は間違いなしだぞエンヤラサー
サーノーエンヤラサー

（沙田神社四の柱　里曳き　曳行中　二〇一七／九／二十四）

次は、長い曳行を終え御柱が境内に入り、建御柱を前にした場面での木遣りである。これまでの長い準備と氏子の苦労を讃え、残された最大の行事に臨む意気込みが表されている。

イヤレー　皆さまごめんなよ
今日はめでたき里曳きで
歓喜沸き立つ皆の衆
うたう唄は透き通り
山辺の里へと響きます

見立て、綱縒り、山出しと
氏子の皆さまご苦労さま
無事に建て前終えるまで
皆さま協力お願いだ

（二の柱　建御柱直前　上金井年長　二〇一七／五／五）

このようにみてくると、松本地方の木遣りは掛け声、合図のみならず、神社や祭祀の意味を物語り、御柱祭の進行状況を見極め、その進行を促す機能を持つ。同時に、氏子の心を和ませる効果や、危険への注意を促して祭の完遂へと向かわせる役割もあると考えられる。こうした詞章は、今では作者の名は不詳となったが、依然脈々と伝承されている。

一方でその年の祭のために新しく作られた詞章もある。次節では、創造的な詞章の木遣りについて考えてみたい。

## 四—㈢　創造的な詞章の木遣り

松本地方では前述した伝承的な詞章の木遣りの他に、その年の状況を捉え、祭の進行と場に呼応した、新しく当意即妙な木遣りもみられる。

その年ならではの木遣りとして、まずは平成二十三（二〇一一）年の例を挙げておきたい。この年は、三月十一日に東日本大震災が起きた年であった。里曳きに向け着々と準備を進めていたが、国を揺るがす大災害に接し、普段通りに祭を行うか否か議論になったそうである。こうした経緯を受け、里曳き当日の曳行開始前には、震災の事実を織り込み自然の猛威に対する鎮魂の願いを込め、人々の安寧と祭の無事を祈る木遣りも披露された。こうした木遣りのあり方は、御柱祭がその時代と共に生きていることを示すものといえよう。

イヤレー　皆さまごめんなよ
卯年御柱（みはしら）はじまりて
弥生とどろく天変地異
大和（やまと）揺らした大津波
この世は移ろい常ならず
諸行無常の響きあり
それでも変わらぬものがある
祭を愛するこの心
無事に御柱建つまでは
四箇（しカ）の氏子は威勢よく
山辺の里から元気よく
皆さまよろしくお願いだ

（二の柱　曳き出し　湯の原　年長　二〇一一／五／五）

当年の世相を取り込んだ木遣りも、しばしば聞かれるものである。世相とは、いわば氏子や観衆の共通認識である。政治問題を取りあげた次の木遣りには、周囲から「おお、詳しいな」などと声が掛けられ、場は盛りあがりを見せた。

イヤレー　皆さまごめんなよ
きょうはめでたい御柱(みはしら)で
新井のお堂のその前で
ちょいと世の中眺むれば
今の世界を憂います
イギリスＥＵ脱退し
韓国パククネ弾劾し
アメリカトランプ塀を建て
朝鮮みはしら発射して（「みはしら」は「ミサイル」か―注・筆者）
安倍さん森友忖度どうなった
それで願いはただ一つ
世界平和を祈ります

（二の柱　里曳き　新井権現様お堂前　藤井壮年　二〇一七／五／五）

次は同じく世相でも、御柱祭と大相撲の話題を結びつけた木遣りである。

ヤーレー　皆さまごめんなよ
山辺の里にも春が来て
氏子の皆さま協力し
予定の場所へと着くならば
御嶽海（みたけうみ）ではないけれど
小結きたならあと少し
綱を取るまでお願いだ　（一の柱　中出し　曳行中　兎川寺壮年　二〇一七／三／十九）

当時注目を集めていた郷土出身の人気力士を持ち出して、相撲の横綱と御柱の曳き綱の意をかけた。時事に洒落を加えた巧妙な詞章は喝采を浴びた。
この他に、時事ではないが観衆とともに楽しむような内容の木遣りを、二例ほど挙げておきたい。

キヤレー　皆さまごめんなよ

今日はめでたい中出しで
私ゃ素人のことゆえに
上手い文句はないけれど
じゃまじゃま尽くしで申すなら
月にむら雲邪魔になる
花に嵐は邪魔になる
今夜は子どもが邪魔になるよ（一の柱　中出し置き場到着　青年　二〇一七／三／十九）

「尽(づ)くし」といわれる型を取り入れ色ごとを交えた、ことば遊びの要素のある木遣りである。
さらに「尽くし」の詞章を連ね、周囲を楽しませたのが次の例である。

キヤレー　皆さまごめんなよ
今日はめでたい御柱で
カエルを集めて申すなら
トノサマガエルにウシガエル
紫陽花寄り添うアマガエル
一茶が後押すヤセガエル（俳人一茶の俳句にちなんで）
旅に出たならブジカエル（無事帰る）

嫁は実家にスグカエル（すぐ帰る）
娘は夜遊びアサガエル（朝帰る）
湯上り一杯ヨミガエル（蘇る）
女房は化粧でワカガエル（若返る）
粋な女にゃフリカエル（振り返る）
私ゃ浮気がばれまして
帰るに帰れずショゲカエル（しょげ返る）

（二の柱　里曳き　神社到着　上金井青年　二〇一七／五／五）

上記二例は、いずれも御柱が神社に到着し、曳き手の氏子衆も一安心している時の木遣りである。続いて昼休憩となり、町会毎に境内で弁当を食べる際にも多くの木遣りが聞こえてくる。言語遊戯の要素があると同時に、歌い手と聴衆が共に楽しめる内容を持つ木遣りが多い。あちらこちらで、笑いや拍手も起こっていた。慰労と歓楽の要素を持ち併せ、木遣りの表現世界の広がりを示すものである。

このように山辺型の木遣りには、伝統的な詞章とは形質を異にし、創造性の高い詞章が存在する。個人の作詞による自由性を内包していることも、その特性であるといえよう。今後、なお多くの木遣りの詞章分析を行ない、その多面的な様態を解き明かしていきたい。

## 五　おわりに

松本地方の御柱祭を巡り歩き、木遣りのあり方に注目することによって、松本地方の御柱祭が木作りのみならず、木遣りにおいても諏訪とは異なる地域性を保持していることを明確に把握することができた。元々、力仕事の掛け声から始まったとされる木遣りは、松本地方では祭の時と場に呼応した、当意即妙な言語行動を包含していると考えられる。地域相互の影響関係などは不明であるが、木遣りの詞章の分析を進めることで、各地の木遣りの多様性と意義が把捉されるであろう。

こうした木遣りの詞章や所作は、現在も主に口承・見習いで受け継がれている。近年では、地域や町会毎に保存会が作られ、保存に力が入れられるようになってきた。しかし、個人や個々の会毎の記録はあっても、まとまった記録はほとんど無い状況である。

当年の御柱祭だけでも木遣りは数知れず、筆者が記録できたものだけでも膨大な数にのぼる。より多くの例を吟味し、全体を俯瞰した分類を示せるようにするのが、今後の課題である。

併せて、南信や東北信の御柱祭との比較や、国語学や地理学など、関連する領域と学際的な検討も必要になると思われる。残された課題は多いが、まずは一つ一つの木遣りの詞章を丁寧に掘り下げる作業を進めたいと考えている。

〈注〉

1　宮坂清通（一九五六）によれば、「御柱祭」の呼称について、「『ミハシラサイ』と呼び、又は単に『オンバシラ』と呼んで、御柱祭を意味する場合もある」とする（『諏訪の御柱祭』六頁）。諏訪大社の公式ウェブサイトの「御柱祭」のページでは「御柱祭（おんばしら）」の表記がある（http://suwataisha.or.jp/onbasira.html　最終アクセス　2018-03-06）。なお、現地では他に「おんばしらさい」、「みはしらまつり」、「みはしら」等の呼称もみられる。

2　宮坂光昭（一九九二）『諏訪大社の御柱と年中行事』（二五四〜二五七頁）によれば、「神地表示説、タブー地説、御柱神体説、神木説、神霊招請説、四無量・四天王擁護・四神説（仏教、中国思想との交渉）、相撲起源説　などが挙げられる。なかでも有力なのは、社殿造営代替説であるが、定説には至っていない。これに比較的新しい説として「外から内へ幸せを持ち込む」説、男根表示説（縄文時代の石棒が木に代わったもの）、陰陽道呪術説などがみられる。」とされる。

3　本書第一部一章

4　本書第一部二章

5　注4による。

6　三之宮は穂高神社（安曇野市）であるとの説もある。

7　詳細は、注3、注4を参照願いたい。

8 「ゆき頭」とは、各町内会の推薦によって依頼・決定され、各町内からも神社からも独立して、木の伐採から建御柱まで、祭の斎行の一切を取り仕切る役目を負う者である。ゆきはよき(斧)の松本方言。そーまさ(杣さん)と呼ぶ神社もある。山林の保守や木の取り扱いに詳しい人であることが重要な条件となる。

9 『国史大辞典』JapanKnowledge, https://japanknowledge-com.ezp.seisen-u.ac.jp,（最終アクセス2018-02-28)

10 「オンベ」とは、棒の先に、木を薄く、細長く削ったものを束ねて取り付けた、木遣り用の祭具。

11 「鶏が鳴くように聞こえるので」、あるいは「鳥のように高く美しい声で」という意味合いがあると伝わる。ただし現在では、「鳴く」という言い方は下社では多く使われるが、諏訪大社の全地区で使われるわけではないとのことである。（筆者インタビュー）

12 平成二十九（二〇一七）年須々岐水神社御柱祭（二の柱）にて筆者聞き取り。

13 諏訪では女性の木遣り師が活躍しているのに対し、この地域では木遣りは女性には未だ開かれていない。しかし平成二十九年、神田千鹿頭神社で初めて女性の木遣り師が登場し話題になった。

14 一回の祭で木遣りをやる人数は、神社毎、地域毎にまちまちである。内部的には様々な決まりがあるようである。例を挙げると須々岐水神社一の御柱では、木遣り師は親郷の薄町が二名、他町会各一名、計六名と決まっていて木遣りの中心となる。その他に、御柱総代、町会役員、青年などに加え、一般の氏子の飛び入りもある。二の柱は、木遣り師はおらず、御柱総代や町会長、青年、氏子の中で木遣りが上手な人などあらかじめ定められた人達に加え、飛び入り参加もできる。後述するように、弁当

の間も各町会で木遣りがあるため、まさに数えきれない人々が木遣りをやるといってよい。このほか、

15　所によっては、依頼されたり選抜されたりした木遣り師のみが担うこともある（神田千鹿頭神社など）。須々岐水神社一の御柱では、山出しの日には木を山から麓まで曳き下ろして木作りまでを行い、翌日木作りの場から神社近くの置き場へと御柱を曳き出す。これを「中出し」という。以後、里曳きの日まで置き場で安置する。二の御柱でもかつて中出しを行っていたこともあったが、現在は行なっていない。

16　宮原神社、大和合神社、千鹿頭神社では宮司が行なうが、須々岐水神社、橋倉神社ではゆき頭が行なう。

17　平成二十三（二〇一一）年、二十九（二〇一七）年須々岐水神社御柱祭（一の柱、二の柱）にて筆者聞き取り。

18　エルシーブイ株式会社（一九九七）『神山に響け』（木遣りＣＤ）による。

19　注18に同じ。

20　注18に同じ。

21　最初の掛け声は、キヤリー、キヤレー、イヤレー、ヤーレーなどと町会や個人によって異なることがある。意味に差異はない。書き取りは耳に聞こえる音を再現するよう心がけた。

22　上條義守（一九四四）「由緒概説」『社格昇進願書』上條家所蔵文書所収

23　「建て前」とは、「建御柱」のことを屋舎の建築にたとえて言う。

# 第二部　松本平の御柱祭をめぐる周辺の話題

# 一章　松本ロゲイニングへの木遣り参加

## ——伝統芸能の可能性——

平成三十（二〇一八）年七月十四日、スポーツイベント「松本24時間ロゲイニング二〇一八」（七月十四日～十五日）の開会式で、松本市里山辺の須々岐水神社御柱祭の木遣りが披露された。木遣りは神事芸能であり、これまでお宮、祭礼の場を離れて披露されることはなく、これが初めての試みであった。筆者は思いがけず、このイベントに二つの行事を繋ぐ役割として関わらせていただくことになった。その立場から行事の様子を報告したい。

筆者は平成二十三年度の御柱祭から、地元でもある松本市里山辺の須々岐水神社御柱祭の御柱祭を調査させていただいている。祭の詳細についてはこれまでに報告しているので参照いただければ幸いであるが[1]、今回の報告に先立ち、松本平の御柱祭について簡単に概要を述べておきたい。

「御柱祭」といえば、諏訪大社が有名である。「七年に一度」（実際には六年毎、寅・申年）の春に行なわれ、山から伐り出した樅の大木（御柱）を、里の社まで氏子が力を合わせて曳いて行き、社殿の四隅に建てる祭礼である。山の斜面を御柱もろとも滑り降りる下社の「木落し」や、雪解け水が流れる宮川を渡る上社の「川越し」、人が乗ったまま柱を建てる「建御柱」などの勇壮な場面が有名である。

一方、御柱祭は、諏訪だけでなく広く信州各地の神社で行われている。「人を見るなら諏訪御柱、綺羅を見るなら小野御柱（塩尻市）、仕度見るなら三之宮（松本市）」などとも言われ、諏訪とは異なる特徴をもった御柱祭が信州各地に存在している。

松本市内では、諏訪大社の翌年、卯・酉の年に七ヵ所の神社で斎行され、いずれも松本市重要無形民俗文化財に指定されている。御柱の長さはいずれも諏訪と同じ五丈五尺（約一七ｍ）という規模であるが、諏訪とは異なる大きな特徴が二つある。一つめは御柱の木の作り方である。根元の地面を深く掘り、根ごと伐り出し、根元を大きく残して形作る「男作り」という作りである。二つめは御柱を曳く氏子衆を励ます木遣りである。諏訪では高くよく通る声で歌い、歌詞は短めであるが、松本では、長い文句（詞章）を連ね物語を語るように歌いあげる。お祭の進行に合わせ、神社の由来を語ったり、御柱となる木がどこの山で生まれたかという木の由来を語ったりするほか、その年の世相、地域自慢、言葉遊びの要素を持った「尽くし」などバラエティーに富んだ内容をもつことが特徴である。

このような松本の御柱祭を調査していて考えさせられたのは、諏訪に比べての知名度の低さであった。なんとか松本の御柱祭の良さを広く知ってもらう機会はないかと考えていたところ、「松本24時間ロゲイニング二〇一八」（主催・長野県オリエンテーリング協会）の事務局の方と話をすることができた。

ロゲイニングとは、

ロゲイニング（ROGAINING）とは、チームワーク・持久力・戦略・読図力を特徴とする、野外での長距離ナビゲーションスポーツ「The Cross Country Navigation Sport」として一九七六年にオーストラリアで生まれました。日本では二〇〇二年に菅平高原（長野県旧真田町）で開催されたのが最初です。
　参加者は、制限時間内に出来るだけ高得点になるようにコントロールを回ることを目指します。自由度の高い競技であり、コントロール位置と得点が設定された地図を基に、制限時間内にできる限り高得点を獲得するルートを自分たちで巡ります。

と説明される比較的新しいスポーツである。[2] 地図をもとにチェックポイントを回り得点を競うところはオリエンテーリングと似ているが、チェックポイントが多い、チェックポイントを辿る順序が決められていないなどの違いがある。この競技が二〇一八年も松本で開催されるという。しかも、参加選手には県外からの参加者が多いとのこと。これは、参加者に松本の御柱祭を知ってもらう良い機会ではないか。
　お話を伺うと大会運営側でも、この大会を単にスポーツをする機会と捉えるだけでなく、参加を通しての、開催される土地や文化との関わりを重視していることがわかった。大会公式ウェブサイトにも次のような文言があった。

　ディープな松本を、数時間にギュっと凝縮して体験ができるのが、この松本ロゲイニングです。（略）抜群の山岳風景と、歴史が混ざり合う信州・松本でのロゲイニングは、皆さんひとりひとりが主人公になれる、ちょっとハードだけど、楽しいドラマの舞台なのです。[3]

こうした大会理念について双方の思いが合致し、松本を知ってもらうきっかけの一つとして、開会式における松本の御柱祭木遣り披露が実現したのである。

春から、地元町会関係者、木遣り師、里山辺公民館、大会運営スタッフ等と協議を重ねる中で、木遣りは、祭そのものを紹介し伝統的な木遣りを伝える第一部と、松本の木遣りが文句を自由に作ることが出来る特徴を生かして、オリジナル木遣りで選手を励ます第二部との二回、披露の場を設けることとなった。木遣り師さんはかなり前から事前に「喉を作って」当日に備えたと聞いている。

開会式当日のスケジュールは次の通りであった。

14：20　開会式（主催者挨拶・松本市歓迎挨拶）

14：30　須々岐水神社の木遣り説明、披露①　3名

14：50～記念撮影・地図配布・競技説明～質疑応答

15：56　スタート位置へ移動・記念撮影

須々岐水神社の木遣り披露②　1名

16：00　競技スタート（ゴールは翌日16：00）

会場の信毎メディアガーデンでは、開会式前から大スクリーンに二〇一七年の御柱祭の様子も映し出され、雰囲気を盛りあげた。第一部での木遣りは御柱祭の進行を表す、次の三つであった。

①山出しの木遣り

きやれ皆さまごめんなよ
今日はめでたい山出しで
朝も早うからご苦労様
ここで鎮座の御柱（おんばしら）は
小岩井様のや杉子さん
春には小鳥を肩に止め
冬には兎の宿となり
蝶よ花よと育てられ
須々岐神社に見初められ
今日はめでたいお嫁入り
薄の川原で化粧して
土手の美松（みまつ）に見送られ
数多（あまた）若い衆に手を引かれ
めでためでたでお願いだ

②里曳きの木遣り
いやれ皆さまごめんなよ

今日はめでたい里曳き祭（さい）
氏子皆さま相揃い
御柱（みはしら）無事に運び出す
氏神さまもお喜び
御柱到着待ちまする
そこでみなさま聞いとくれ
無事に御柱立つまでは
怪我や口論無いように
協力一致でお願いだ

③御柱祭全体を通じて（宮本の木遣り）
いやれ皆さまごめんなよ
卯酉卯酉と廻りきて
酉年最後の木遣り歌
合いの手ばかりはお願いと
須々岐神社の境内を
古松老杉（おいすぎ）生い茂り

鳥居もかくもや苔むして
古き歴史を物語る
白雲たなびく神の杜（もり）
須々岐の社（やしろ）に願いこめ
四本（しほん）の御柱（みはしら）打ち立てて
氏子の安泰を祈ります

全体を通し、山から伐り出した杉を里へ曳き出し、お宮の境内へ建立される御柱祭の様子がよくわかる内容となっている。筆者は解説を担当したが、スクリーンでの視覚的な紹介とも相俟って、選手、スタッフの皆様が松本の御柱祭に大変興味を持ってくださり、早速質問や感想が多く寄せられたのは喜ばしい驚きであった。

また、競技スタート時には、木遣り師さんが自らこの日のために新しく文句を準備した、大会を言祝ぎ選手を励ます木遣りも披露された。

④松本ロゲイニングを励ます木遣り

きやれ皆さまごめんなよ
文月半ばと相成りて

信濃の国なる松本で
ロゲイニングを開催し
集いし多くの皆さまが
知力・体力・忍耐と
仲間の力を信じつつ
数ある難所も無事に越え
あとはゴールを目指すのみ
そこで皆さまお願いだ
怪我や過ち無いように
選手の健闘を祈ります

この木遣りを合図に、「おいさー、おいさー」の掛け声で、選手の皆さんが笑顔で元気よくスタートしていくのを見送ることができた。そして、猛暑の中二十四時間の過酷なイベントであったが、翌日は全員が制限時間内に無事にゴールしたとのことである。

なお今大会は、コントロールの多くが、須々岐水神社をはじめ松本平の御柱祭斎行神社（東より、大和合神社、宮原神社、橋倉諏訪神社、千鹿頭神社、沙田神社）に置かれ、各神社の御柱をめぐる「隠れテーマ」になっていたことも述べておきたい。

終了後、大会公式フェイスブックに選手から木遣りの所作に対し「気持ちがこもってる舞でしたね〜、思わず見入ってしまいました！」、スタート時の木遣りには「この木遣り歌がすごく嬉しかったです」に続き「ホントそうですね」などのメッセージが寄せられたのは嬉しい余韻であった。

民俗学に多少なりとも関わっている者として、調査・研究は何かしら「実社会」に生きるものでありたいと常々思っているものの、なかなかそのような機会を見つけられずにいた。そのような中、木遣りのイベントでの披露を通して感じたのは、多くの人々の心をまとめ励ます伝統芸能の持つ〈力〉と〈可能性〉であった。そのことを記し、報告を終わりたい。

〈注〉

1　本書第一部

2　「ロゲイニングとは」松本ロゲイニングウェブサイト http://matsumoto-rogaining.jp/%E3%83%AD%E3%82%B2%E3%82%A4%E3%83%8B%E3%83%B3%E3%82%B0%E3%81%A8%E3%81%AF/ 最終アクセス二〇一八年十二月十日

3　「木村プロデューサーより」前掲2　ウェブサイト http://matsumoto-rogaining.jp/%E6%9D%BE%E6%9C%AC%E3%83%AD%E3%82%B2%E3%82%A4%E3%83%8B%E3%83%B3%E3%82%B0/ 最終アクセス二〇一八年十二月十日

《松本 24 時間ロゲイニング 2018・開会式》　2018/7/14

# 参加の皆さまを松本の木遣りが応援します

御柱は
諏訪だけじゃない

松本にも御柱祭があるんです！

松本の御柱の特徴①

【斎行年】

諏訪の御柱の翌年、卯年、酉年に行なわれます。

最近は 2017 年に行なわれました。

一の御柱の長さは、どの神社も諏訪と同じ「五丈五尺」（約 17m）です。

松本の御柱の特徴②

【木作り】

御柱の形は、根を掘り出して伐採し（根掘り）、根元を丸い形に残す「男作り」が多く見られます。

松本の御柱の特徴③

【木遣り】

色紙を丸く束ねた采配を手に持ち、祭の進行に合わせた内容を、長い言葉を連ねて物語を語るように歌います。

松本の御柱祭斎行神社を訪れた際には、天に向って立つ御柱を、是非ご覧ください。

＊松本の御柱祭は、松本市重要無形民俗文化財に指定されています。

資料2「松本24時間ロゲイニング2018」報告書より（抜粋転載）

信濃毎日新聞
2018年7月15日号
掲載記事

## 「ロゲイニング」号砲

### 松本 ポイント巡り点数競う

地図やコンパスを片手に信毎メディアガーデンを出発する参加者たち＝14日

**信毎メディアガーデンから**

松本、塩尻、安曇野の各市に設けたチェックポイントを24時間の制限時間内に回って獲得点数を競う「松本24時間ロゲイニング大会」が14日、2日間の日程で始まった。県などがJR各社と展開する誘客事業「信州アフターデスティネーションキャンペーン（DC）」の一環。県外の24チーム計52人が号砲を合図に信濃毎日新聞松本本社の新社屋「信毎メディアガーデン」（松本市中央2）を出発した。

国宝松本城などの名所が市街地にある一方、山岳地域を抱える地域特性を生かす催し。参加者は2〜4人のチームを組んで徒歩で移動。松本城や鉢伏山など50カ所のチェックポイントを24時間以内にできるだけ回り、ポイントごとに設定された点数の合計を競う。山中など到達が難しい場所は高得点となる。

主催する長野県オリエンテーリング協会理事長の木村佳司さん(56)は「くまなく移動するのは難易度が高く、参加者たちは頭を働かせながらポイントを取捨選択する必要がある」とする。

同ガーデンの屋外広場スクエアに集まった参加者たちは、須々岐水神社（同市里山辺）の氏子4町会の木やり師による「おいさ」の掛け声を受けながら街中に飛び出していった。奈良県生駒市から参加した会社員脇村尚樹さん(38)は「トレイルランナーなので、得意とする山で点数を稼ぎたい」と意気込んでいた。

市民タイムス
2018年7月15日号
掲載記事

市民タイムス

（第3種郵便物認可）

## ロゲイニング 健脚競う

### 県内外の50人 松本、塩尻で

中心市街地を出発する選手たち

地図や方位磁石を頼りに、さまざまな場所に設けられたチェックポイントを自分の足で回るスポーツ「ロゲイニング」の大会「松本24時間ロゲイニング大会2018」（県オリエンテーリング協会主催）が14日、松本市と塩尻市を会場に行われた。県内外から約50人が参加し、24時間の制限時間の中でより多くのポイントを回ろうと、健脚を競った。

チェックポイントは両市の東山エリアを中心に50カ所設けられ、標高約1900㍍の鉢伏山頂近くにもポイントがあるなど、起伏の激しいコースが設定された。数人ずつのチームで順位を競う大会で、参加者は14日の午後4時に松本市の中心市街地を一斉に出発した。初めて参加したという静岡県の永嶋章二さん(47)は「苦しくも楽しく松本を走り抜きたい」と意気込んでいた。

最終目的地は松本城北側の松本神社が設定されていて、選手たちは24時間後の15日午後4時までにゴールした。（北原　哲）

須々岐水神社の木遣唄がこれから24時間旅の選手を応援する。

16:00 信毎メディアガーデン前から一斉にスタート！

橋倉諏訪神社。コントロールの多くが諏訪神社系の御柱に置かれた。

木村佳司氏「松本24時間ロゲイニング2018プロデューサー総括」より

## 地元文化と融合

今回（2018年）大会は、以下の神社のご協力がありました。

須々岐水神社、沙田神社、千鹿頭神社、橋倉諏訪神社、宮原神社、大和合神社。

これらの神社に共通しているのは、6年毎に御柱（おんばしら）祭が行われており、境内に立派な4本の御柱が立っていることです。今回はコントロールフラッグを一の柱近くに設置させていただきました。人里ではフラッグを置く位置に苦慮していたところ、快く場所を提供いただき、本当に有難かったです。参加者も御柱を次々と巡ることになり、松本の御柱を知っていただく機会になりました。参加者から聞いた話では、競技者のために、神社の提灯に夜通し明かりが灯っていたところがあったそうです。

信毎メディアガーデンで行われた大会開会式では、須々岐水神社の木遣師さんたちによる木遣唄の披露が行われました。スタート直前にはこの大会のためだけに作られた木遣唄による応援が行われました。これから24時間の競技に出る参加者の力になりました。

# 二章　松本四柱神社えびす講

——まつもと郷土芸能まつりに参加して——

平成三十（二〇一八）年十一月十七日、十八日の両日、「四柱神社えびす講しょうふく祭」の中の企画「第二回まつもと郷土芸能まつり」において市内神社の伝統芸能が披露された。二日間とも穏やかな好天に恵まれ、えびす講そのものの賑わいとともに、芸能披露の舞台前のスペースにも多くの人が集まり楽しんでいた。

「まつもと郷土芸能まつり」には長野県民俗の会の渡辺宏氏が企画に関わっているとのことで、通信第二六八号にて広報された。筆者が関わっている神社の御柱祭木遣りも披露されるということで、二日間にわたって参加した様子を簡単に報告したい。

筆者の記憶の中でも、四柱神社のえびす講は、「しんと（神道）の花火」として冬を迎える寒さの中の花火として記憶されていたが、その後故郷を離れたこともありえびす講に足を運ぶことも無くなっていた。

渡辺氏によると、松本城下の縁日、マチ中での大売り出しをともなう「えびす講」は、明治末以降に長野の「えびす講」の影響を受けてはじまったとされる。戦時中は中断されたが、昭和二十一（一九四六）年、松本商工会議所主導で再開され、四柱神社の「えびす講」は、境内に恵比須神社が昭和二十七（一九五二）年に出雲より勧請されると戦前の盛り上がりを取り戻した。その後は他のイベントの隆盛や市民の生活スタイルの変化によりかつての勢いを失いつつも様々な試みで「えびす講」の神事を支えている。その中で平成二十九年から「松本市域の各地の伝統文化を引き継いでいる郷土芸能団体を呼び、その芸を披露してもらおう」という目的で新たな行事として開催されることとなったのが、「まつもと郷土芸能まつり」であるとのことであった。[1]

「第二回まつもと郷土芸能まつり」参加団体は次の通りであった。

十一月十七日（土）須々岐水神社（御柱祭木遣り）

十一月十八日（日）神田千鹿頭神社（御柱祭 長持ち唄、木遣り）
殿野入春日神社神楽（獅子舞）
島立沙田神社（御柱祭木遣り、胴突き唄）
島々の獅子舞
三才山御射神社小日向神楽（獅子舞）

一団体の持ち時間は約二十分であり、短い紹介・説明の後に芸能が披露された。紹介は各地元の方がそれぞれ担当。いずれも簡にして要を得たもので、分かりやすいものであった。

木遣りに関しては、須々岐水神社は伝統的な文句に加え、新作も交えて、松本平の御柱祭の木遣りの物語性を聞かせていた。神田千鹿頭神社は長持ちのぎしぎしという音を縄手通りに響かせて練り歩き、祭りの雰囲気を盛り上げるとともに、きらびやかな衣装をまとった木遣り師が自慢の喉を聞かせた。最後に御柱祭の先導役である「きりこ」も登場し「お頼みだー」「よーいさー」の掛け声で会場を勢いづけた。沙田神社は一の柱から四の柱まで勢揃いし、木遣り保存会による木遣りのほか、建御柱の際に御柱の根元を突き固める「胴突き唄」も聞くことができた。

神楽（獅子舞）も三神社から披露された。笛や太鼓の音色や唄は、神社によって異なり、それを聞くだけでも興味深いものであった。演奏に合わせた舞は、一つの獅子頭での一人舞、二人舞のほか、二つの頭を用い、雄獅子、雌獅子が揃っての華やかな小日向神楽の獅子舞も登場した。少人数ながら厳かな雰囲気の島々の獅子舞、またひょっとこが登場する滑稽味の加わった殿野入の獅子舞など、バリエーションに富んだ舞も見ることができた。神事同様に獅子が観客席に降りた際は、ひるむ子どもたちもいて微笑ましい光景であった。悪いところを噛んでもらう大人の姿も見られ、祭りの雰囲気さながらの臨場感を味わうこともできた。

いずれも本質的には神事芸能であるから、このような地元神社神域、神事を離れた場での披露には様々な意見があるだろう。しかしながら後継者不足も懸念される現在。神社、祭礼、神事芸能を広く見て知ってもらうことは重要なことではないか。また出演者にうかがった話によると、例えば木遣りであれば、祭礼の際は町内毎に分かれて行動し、練習も町会毎に行うのでなかなか交流することはないが、このような機会があれば、木遣り師さん同士の町会を越えた情報交換や交流の場ともなり、お祭とは違った楽しさもあるとのことであった。

見る側からすれば、同様の芸能を一度に見られることで、各地の特徴が明らかになることは大変興味深い。イベントを通して基礎知識を得、次には実際の祭礼に足を運ぶきっかけになるのではないか。控室周辺では、見物に来た人が持ち道具や衣装、神楽の獅子頭や楽器等について質問をし、関係者がそれに答えている様子も見られた。

このような場面にこそ、渡辺氏が「『エビス講』を福を招く場所と捉え、まさにこのような意味で神に捧げられる郷土芸能には、イベントとしての『エビス講』と神事としてのえびす講を結びつける役割を期待できるのではないか。[2]」と述べる、今回のイベントの意味が見出せるのではないだろうか。

〈注〉

1　渡辺宏「四柱神社「エビス講」の今・昔」『長野県民俗の会通信』第二六八号

2　1に同じ。

# 三章　小谷（おたり）村の式年薙鎌打ち神事

——諏訪大社御柱祭に先駆けて——

平成二十八年は、七年に一度の諏訪大社式年造営御柱大祭（以下、通称の御柱祭と略す）の年であった。勇壮な山出しや、騎馬行列なども加わる華麗な里曳きは、多くの見物人で賑わい、新築した宝殿に宝物を遷す「宝殿遷座祭」（下社春宮は五月十三日、上社本宮は六月十五日）も古式に則って行なわれた。

ここでは、いささか旧聞になってしまったが、御柱祭に関連して、昨年八月小谷村で行なわれた「式年薙鎌打ち神事」について記しておきたい。

御柱祭には様々に特徴的な祭具が用いられるが、中でも重要な祭具の一つに薙鎌がある。薙鎌については、ごく一般的には次のようにまとめられよう。

> 諏訪大社の分社を行うさい、御霊代（みたましろ）として、薙鎌（なぎかま）を分与している。一方、諏訪神社の御神幸（上社御頭祭・下社遷座祭・式年造営御柱祭）の行列に、祭具として薙鎌の仮器も捧持されている。(1)

「鎌」とあるが、その形は鳥のようでもありタツノオトシゴのようにも見える。元はいわゆる諏訪明神蛇体説によりその姿を模したともされ、蛇のように細長いものもある。目と口（嘴）に擬せられる部分が判別できるのが共通した特徴だが、大きさは様々で、時代的な変遷も含め未だ謎の多い神具である。

小谷村と諏訪大社の関係、式年薙鎌打ち神事の概要については『信府統記』に白池ト云ヘル池アリ其涯ニ信濃木トテ神木アリテ古ヨリ七ヶ年ニ一度ヅヽ下諏訪ノ武居祝方ヨリ明神ノ神體ヲ表セシ内鎌ト云フ物を持來リテ此木ニ打チ置ナリ其ヨリ此木ヲ兩國ノ境界トス惣テ小谷邊ハ往古諏訪明神ノ來臨マシ〳〵シト謂傳ヘテ其社モアリ又當役ト號シテ戸土中俣押廻横川村ハ云フニ及バズ小谷中ヨリ諏訪ヘ役錢ヲ出ス事今ニ於テ恒例ナリトス

とある。[2] この行事は明治以降しばらく途絶えていたが、昭和十八年に復活された。現在では御柱祭の前年、白池の東方に位置する戸土（とど）の境の宮（未年）と中股の小倉明神（丑年）の神木に、諏訪大社宮司が薙鎌を打ち込む。[3] その意味については『信府統記』以外にも様々な説があるが、祝詞にも「国境見の神事」とあり、地元では諏訪大社の神威を受けて国境を確認する行事と理解する人が多いようである。[4]

今回、祭の前年（平成二十七年）十一月二十二日夜に「長野県神城（かみしろ）断層地震」が起こり、小谷村（特に姫川の東側地域）は甚大な被害を蒙った。関係地域で言えば大宮諏訪神社のある中谷地区、奴踊りを担う長崎地区などは全半壊の住居も多かった。大宮諏訪神社の社殿も修理が必要となり、大社宮司の宿となる小谷温泉の旅館も長期休業を余儀なくされた。お祭の行方も大変心配されたが、氏子の方々の尽力により予定通り斎行されることになったとのことであった。

薙鎌はまず、現在では八月最終日曜日に斎行されている中谷大宮諏訪神社の例大祭の折に二丁が奉献され、そのうちの一丁が翌日、信越国境の神社（未年の今回は戸土の境の宮）に運ばれてご神木に打ち付けられる。今回は八月二十九日（土）の宵祭に始まり、例大祭が三十日（日）、式年薙鎌打ち神事は三十一日（月）であった。

**宵祭**（八月二十九日）

十八時三十分を目途に、灯篭行列が出発する旧庄屋太田家（西太田）を目指すが、村の人の姿は見えない。不安になりながらしばらく待つと、祭の担い手たちや家族、見物人もほぼ時刻通りに集合した。十三基の灯篭行列は、十九時過ぎ、提灯を提げた氏子総代とお囃子に先導されて出発。約三十分かけてお宮に到着した。続いて宵祭の神事が例年通りに執り行われた。小・中学生の女子四名により奉納された浦安の舞は、夏休みの間に練習したという成果により、よく揃っていた。二十一時頃、滞りなく神事が終了。人々は奉納芸能（歌謡ショーなど）が行なわれる付近の交流センターへと移動していった。

**中谷大宮諏訪神社例大祭及び薙鎌奉献祭**（八月三十日）

あいにくの雨模様であったが、諏訪から薙鎌を携えて来訪した諏訪大社宮司と関係者を迎え、予定通り斎行された。神輿などはその日の朝、お宮から御旅所である太田家に移されている。そこから行列を組んで神社まで渡御（とぎょ）するのである。そこへの参集に先だち、中谷川を挟んで対岸に位置する太田家（東太田）の前で、狂拍子（くるんびょうし）（男児二人の舞）、獅子舞、奴踊りの三芸能が一指ずつお披露目された[5]。順に移動し御旅所の太田家（西太田）に全員が集まると、その庭で再び三芸能のお披露目の後、行列の召立（めしたて）となる。出発にあたり、下諏訪木遣り保存会の方々（六名）が木遣りを披露し、当年が七年に一度の特別な年であることを確認する。

一　ヤーレー（ヨッ・掛け声）
　　諏訪の平らの薙鎌が
　　小谷の里の風を薙ぐヨーイサ
　　（ヤレヨーイサ・一同）
二　ヤーレー（ヨッ）
　　大杉に薙鎌打ちて
　　小谷の川の水治むヨーイサ
　　（ヤレヨーイサ）
三　ヤー　これより出発（ヨッ）
　　お願いだー

十三時三十分出発。お囃子が響く中、大麻を先頭

薙鎌を納めた唐櫃

に、猿田彦、氏子総代、法螺貝、奴、太鼓・お囃子、四神旗、弓、伝来の薙鎌が続く。行列の薙鎌は短めの木の柄に取り付けられ、手で捧げ持たれる。続いて長柄、白丁、神輿。その後に今回は、献幣使、薙鎌を納めた唐櫃（からびつ）、諏訪大社宮司以下大社随員などが続く。狂拍子、獅子舞の後ろに木遣り衆など。途中二度ほど休みながら十四時過ぎにお宮に到着。神輿は斎庭を練った後拝殿へ上がる。その後、三種の芸能が奉納される。狂拍子は緋色の着物を着た男児二人の舞、奴踊りは、十二名の赤い頭巾を被った奴が神徳、作柄、社会や行政に関する庶民の心情などを三首の歌に詠み、踊りとともに奉納する。奴歌にも薙鎌にかける願いが詠みこまれた。

一　未年（ひつじどし）
雪解け遅く猛暑夏（もうしょか）で
地割れ地すべり　水路も断たれ
田畑の作付け遅れがち
氏神様のご利益で
秋の実りは豊作よ
風さわやかな大祭り

二　揺れ動く
過疎化の波に追い討ちを

未曾有無情の大地震
中谷の里にも大災害

薙鎌受渡し

長崎集落　全滅よ
打ち込む薙鎌　願かけて
復活させるぞ　おらが里

三（略）

十五時頃から例大祭神事及び薙鎌奉献祭が始まる。祝詞、修祓、大宮諏訪神社宮司拝礼、献饌、神社本庁よりの御幣奉納。献幣使の祭詞、拝礼。これに続き大社宮司から箱に納められた薙鎌が大宮諏訪神社宮司に受渡される。大宮諏訪神社宮司は、これを神前に奉献する。続いて浦安の舞奉納、諏訪大社宮司祝詞、拝礼、関係者の玉串奉奠、撤饌。薙鎌を本殿に納め全ての神事が終了したのは十七時近くであった。

### 式年薙鎌打ち神事（八月三十一日）

この日の朝は、雨は上がったものの、いつまた降り始めてもおかしくない空模様であった。しかし、薙鎌打ち神事の日は、過去にも雨がちながら不思議と神事の間だけは雨が上がるとの言い伝えがあるとも聞いた。

神事が行われる戸土へは、かつては塩の道を移動したが、現在は車道が通じておらず、一旦姫川沿いに国道を新潟県の根知（糸魚川市）へ出て、長野県に入り直す。しかも戸土集落は、既に全戸が転出してしまい、祭りの日には氏子であるかつての住人たちが戻って来て祭を行うとのことであった。

神事は十時からとのことであるが、見学場所の確保もあり早目に戸土に向かう。手前の大久保集落に用意された駐車場から歩いて二十分程で境の宮に到着。戸土は長野県内から海が見える土地として知られ、晴れていれば境内からも見えるとのことだったが、あいにくの天気で残念であった。

この時点で境内には関係者とメディアの姿しか見えず、祭の準備が粛々と進められていた。ご神木の周囲には足場を組み、紅白の幕が掛けられている。幹を見ると過去に打ち込まれた薙鎌が合計六丁確認できた。古いものには幹の成長に伴いご神木に取り込まれそうになっているものもある。

そうする間にも見学者が次第に増え、限られた広さの境内は、移動ができない状態に

薙鎌を神木に打ち込む（柴田友造氏撮影）

新しく打ち込まれた薙鎌（中央）

なってしまった。十時が近づき薙鎌を納めた唐櫃が社殿に到着した様子がありり神事が始まった。しかし、社殿の内部での行事は、ご神木の近くに場所を得た我々には、残念ながら窺うことはできなかった。

やがてご神木近くの足場に神職が移動、祝詞、神木の修祓。三宝に載せられた薙鎌が大宮諏訪神社宮司によって運び出されると、大社宮司がそれを受け取り、木槌で神木に打ち込んだ）。薙鎌が打ち込まれる際は、静まり返った境内に、コンコンと澄んだ音が響いた。新しい薙鎌は、古色めいた前回と前々回のものの間に打ち込まれ、銀色の光を放っていた。大社宮司の拝礼に続き、神職全員によって大祓の祝詞が厳かに斉唱された。その後、関係者の玉串奉奠が行なわれ、撤饌の儀が行なわれる中（十時五十分頃）、帰路の都合により境の宮を後にした。後に伺ったところ、その後間もなく神事は無事に終了したとのことであった。

気がついてみれば神事の間、降ったり止んだりしていた雨は上がり、薄く霧が立ちこめる幻想的な祭の空間が広がっていた。神事が終わりに近づくとまた少しポツポツとしてきたのはまことに言い伝えの通りで、何とも不思議なことであった。

諏訪から遠く離れた県北小谷の地で、御柱祭の先駆けとなる神事が脈々と受け継がれている様子を見聞することができたのは、まことに貴重な機会であった。しかし、過疎や災害といった祭を取り巻く問題は深刻であり、その継承を氏子さんたちの熱意に頼っている現状には深く考えさせられる。

次の薙鎌打ち神事は二〇二一年、中股の小倉明神にて行われることになる。平穏な日々が続き、村の復興がなされ、無事に祭が斎行されることを願うばかりである。

〈注〉

1　『諏訪市史』一九九五年

2　「信濃国郡境記巻四　大町与　山川地理」『信府統記』第六（『新論信濃史料叢書』第五巻（信濃史料刊行会　一九七三年十月）

3　平成四年二月二十日、長野県無形民俗文化財に指定されている。

4　地元の方々との会話の中でそのような話が多く聞かれた。祝詞については、大宮諏訪神社宮司杉本英彦氏にご教示いただいた。

5　狂拍子と奴踊りは、長野県無形民俗文化財（平成三年二月十四日指定）。

# 四章　上金井のお天狗様

## 一　はじめに

上金井とは、松本市の東部、里山辺地区に属する町会の一つである。市街から約四㎞、郊外の住宅地であるとともに、美ヶ原高原の麓、薄川の扇状地上に位置し、現在は葡萄を中心とした果樹栽培が盛んな土地である。

上金井町会のお天狗様（山の神様）は、町内に隣接した里山の中腹にある村の守り神である。お天狗様のある山は、天狗山あるいは前山（めえやま）と呼ばれ、かつては麓のクヌギなどの広葉樹を薪や炭として利用するなど、生活に密着した山であった。平成五年までは独自の御柱祭も行われており、筆者が調査を継続中の松本平の御柱祭（本書第一部）との関連も注目される。境内地からは、町内はもとより松本城、遠くは北アルプスの峰々を見渡すことができる。

神社の由緒については不詳であるが、これまで確認された棟札から、弘化四（一八四七）年には現在の位置にあったと伝えられてきた。

今回、参道や境内の保守作業日と例祭の折に、神社及び周辺の調査を行なった。調査の主な目的はお天狗様の歴史や祭祀の経緯を明らかにすることであり、多くの構成要素の整理、創建鎮座の年に関わる資料及び風化し読みにくくなっている本殿扁額の文字の確認がその内容である。

その結果、伝承よりも古い棟札を確認でき、創建の年はさらに遡ることがわかってきた。

以下に、確認された事柄について報告する。

## 二　構成要素

お天狗様の構成要素は次のとおりである。下記〈境内図〉も参照願いたい。なお、各社殿内の棟札の内容詳細については紙面の都合で省略する。重要なものは「まとめ」に内容

〈境内図〉

【名称】お天狗様（山の神様）
【所在地】長野県松本市里山辺上金井天狗山
【調査日】第１回　平成31年（2019）年３月24日〈作業日〉
　　　　　第２回　令和元（2019）年５月６日〈例祭〉
【本殿】（合殿）―1①、②、③
【境内社】―2、3、4
【神楽殿】―5
【他構成要素】鳥居―6
　　　　　　　灯籠―7
　　　　　　　清水（説明碑）―8
　　　　　　　馬頭観音―9
　　　　　　　天狗山記念碑―10
　　　　　　　御柱建穴跡―11
　　　（参道）馬頭観音―12
【由緒】不詳
【例祭】５月６日

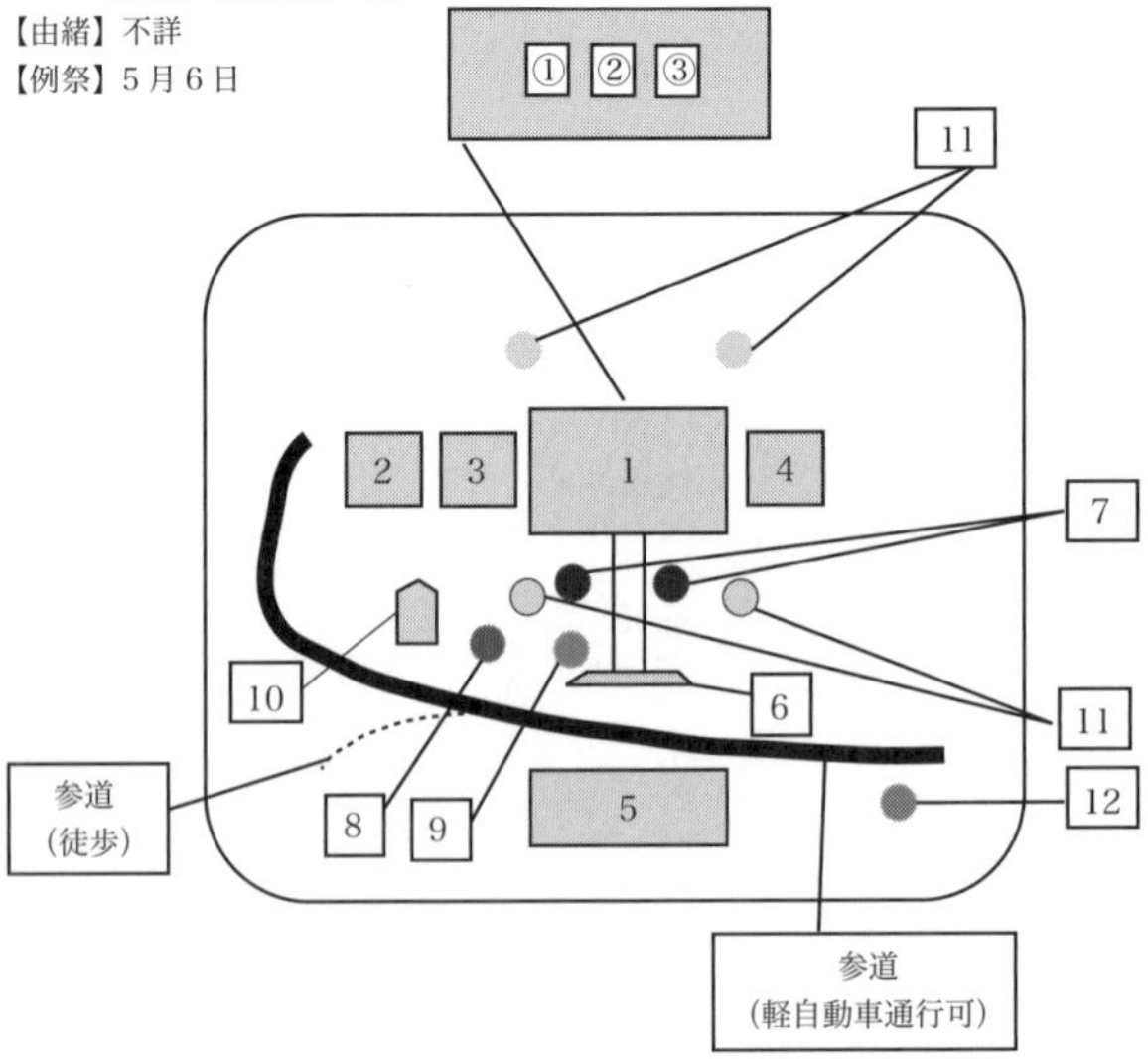

写真①　本殿（合殿）大屋根の下に小祠三棟

を記す。

1　本殿（合殿）　大屋根の下に小祠三棟（写真①）

扁額「伊（雑？）○社」、絵馬一枚（「奉献征露紀念」上金井出征者記名）

扁額の文字は経年変化により薄れ、読み取れない状態であった。しかしながら、

＊2、3、4内の棟札に「伊雑社摂社～」「伊蔵皇大神」「伊藏大神」の記がある。

＊例祭の祝詞は「イザワシャ、ヤマノカミシャ、アイドノノオオカミ」と唱えられる。

という傍証が得られたことから、「伊雑社」の可能性が高いと考えられる。

1―①　祭神　下之御社（大山祇尊（おおやまづみのみこと））、神饌都大神。神像一体（顔面剥落）、棟札四枚。

1―②　祭神　（記載なし。伊雑大神または伊藏大神か。）
三宝上に木箱。墨書「蠶影大神」。
＊社殿は流造、柿葺。社殿には精緻な彫物が施されている（西側の壁の彫物は剥落）。
＊木鼻の獅子と象の口に赤い彩色が残る。須々岐水神社例大祭の山車「お船」の彫物との関連が考えられるが未詳。

1—③　祭神　上之御社、大山祇尊。神像一体（顔面剥落）、棟札八枚、瓶子（へいし）（藍・陶製）一対、小鳥居（赤・金属製）。

2　境内社
祭神　神祇金山彦命、古御幣（金山彦命）、棟札四枚（A〜D）

3　境内社
祭神　豊受の御饌津大神、古御幣（伊藏皇大神）、棟札四枚（A〜D）

4　境内社
祭神　神祇三峰大神、古御幣（判読不能）、棟札二枚（A、B）

5　神楽殿
棟札によると、江戸時代に湯神楽の奉納が行われていた。（4　三峰大神社内の棟札から、文政年間に奉納されたと推定される。）現在では、祭礼時の直会の場などとして使用されている。

6　鳥居　石造、明神鳥居

7　灯籠一対

・社殿に向かって右の灯籠

正面（南面）銘「献燈」、西面銘「日露戦役出征三十周年記念」

北面銘

| | |
|---|---|
| 金井正平 | 大和重成 |
| 金井友枝 | 川井米蔵 |
| 木下久仁平 | 木下秀吉 |

順はろい

・社殿に向かって左の灯籠

正面（南面）銘「献燈」、西面銘「昭和十年三月十日」

北面銘

| | |
|---|---|
| 田村音憙 | 大和喜三郎 |
| 赤木清八 | 上嶋忠門 |
| 金井熊市 | 金井牧代 |

順はろい

8　清水

説明碑「この水はここから上方七百米の由緒ある堂所地籍の自然湧水であり昭和四十八年十二月九日町内全戸終日の精魂こめた勤労奉仕により山坂を掘り配管して神前に誘致した祖先以来渇仰の霊水であります　ありがたくたいせつに使いましょう　上金井町会」

9　馬頭観音　（写真②）

銘「天明三卯八月日　上金井　久〇門」

写真②　馬頭観音

写真③　天狗山記念碑

＊現在、お天狗様の構成要素の中で最も古い年号が確認できるものである。天明三年は西暦一七八三年。

10　天狗山記念碑　（写真③）
天然石に金井泉氏（上金井出身、医学博士）の短歌が彫られている。
〈表〉「千代かけて　村人やすく　さかえよと　守ります神　この天狗山」
〈裏〉「昭和五十三年十一月吉日　上金井町会建之
八十二老　金井泉書」

11　御柱建穴跡
かつては、当地にも御柱が建てられていた。少子高齢化の影響により祭の継続が難しくなり、平成五年を最後に途絶えている。（御柱祭については後述。）

12　（参道）馬頭観音
銘「天保十三年寅九月日」天保十三年は西暦一八四二年。

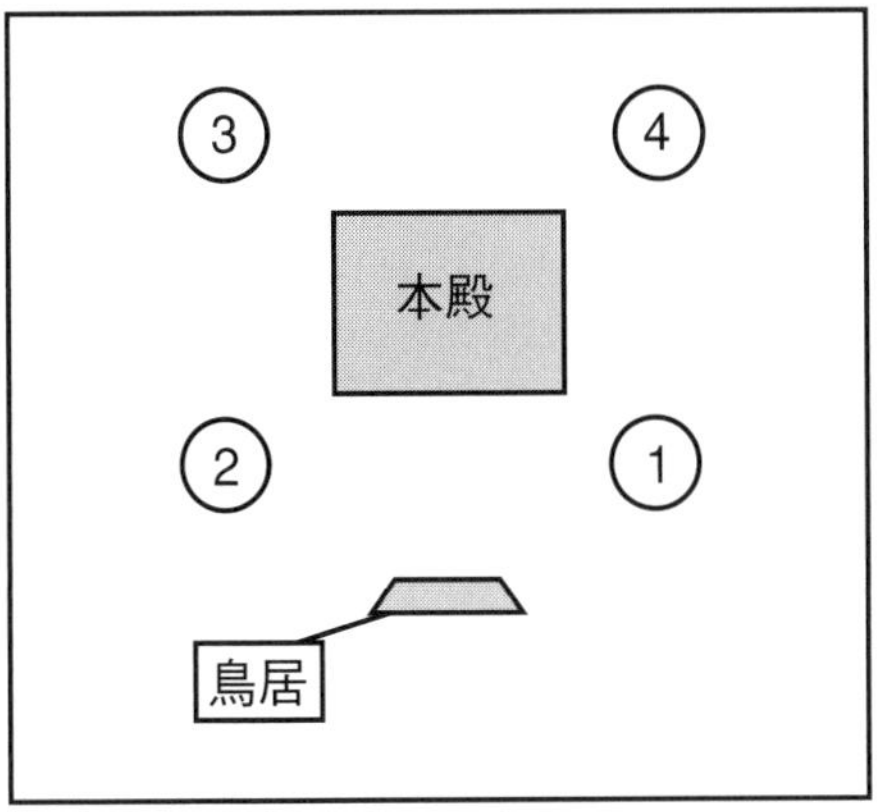

③　④
本殿
②　①
鳥居

## 三　行事

一月　初詣

（三月下旬　御柱祭　卯酉年の須々岐水神社御柱祭の年　平成五年まで　以後中断）

五月六日　例祭（須々岐水神社例大祭の翌日）

十二月（年末二十三日頃）注連飾り、お供え餅

【例祭】

令和元年五月六日午後一時より神事（祭主　須々岐水神社上條宮司）

参加者　氏子総代、町会三役（会長、副会長二名）、各部部長（十名）、財産区議員

【御柱祭】

須々岐水神社御柱祭が斎行される卯と酉の年三月下旬に、御柱祭が行われていた。お天狗様（山の神）の御柱は、町内にゆかりの山の神を祀り、親睦を深めることはもちろんであるが、須々岐水神社の御柱祭で二の御柱の親郷を務める上金井町会にとっては、その予行演習とも位置付けられた。一・二の柱は、本番と同じく根掘りをして建てた。三・四の柱は「子ども御柱」と呼び、裏山から松の木を四本伐り出して建てた。矢崎山から伐って引き上げたこともあるという。御柱を伐り出す山に関する信仰と、御柱祭を斎行する神社の氏子町会のあり

方としても注目すべき行事であったといえよう。

町内会総出で賑やかなものであったことは、公民館内に掲げられた記念写真やＤＶＤに記録が残る。

上金井山の神「御柱祭り唄」

1.　今日は　山の神様の
七年一度の　御柱
上金井町会と　氏子の皆様と
力　合わせて　柱を引けば
途中　美声のヨ！
御柱　木遣り歌
2.　やっと　やまとの綱渡り
良いお声で　お願いだ
柱を　引く前に　お神酒を上げりゃ
上金井の　心はひとつ
今日は　めでたいヨ！みんなで祝い酒
3.　春が　近づくお天狗山に
無事に　終わった　御柱
山を下りて　家路につけば
明日につながる　笑顔がそこに
山の神はヨ！上金井（みんな）の守り神

【山の講】

聞き取りによれば「山の神に関する民間信仰として、かつて、山の神の講が部ごとにあった。男性のみが参加するもので、十二月に掛け軸を飾り、御馳走を携えて集まった。」という。（これに対し、女性は「おこしん（お庚申）」（庚申講）で集まった。この他に戸隠講も存在し、最近まで代参が行われていた。）山の講に関しては記憶が失われないうちに、さらなる調査、記録が必要であろう。

【保守作業】

年二回（三月、十一月）境内保守、参道整備、鹿対策（柵設置・整備）、樹木間伐・剪定等。今回（平成三十一（二〇一九）年三月二十四日）は、参道整備と、祭礼時に幟（のぼり）を立てる支柱の取り換えが主な作業であった。

## 四　武石道

調査時の聞き取りによると、「上金井は、武石峠を越えて江戸と往き来する交易路の一部であった。上金井から追倉を経て、武石峠を越え、東信へ出て江戸へ通じる。追倉には、運送業者や旅籠もあった。山の神の前の参道は、上り詰めると鳥ヶ水に通じ、鳥ヶ水には茶屋があった。」とのことである。通称「武石道」を指すと考えられる。

これは、江戸時代前～中期、松本城主水野氏の時代、参勤交代の道として、また一般に交易路として利用された「武石通」に関連するといえよう。江戸時代においては、上金井近辺では「山辺藍」と呼ばれる藍（藍玉）と藍の染め物が主要な生産物であったが、この道を通じて、藍を含む交易も行われたであろう。武石道のルートは三通りあったとされるが、その内の一つが「湯原村、藤井村、桐原村此三ヶ村より上田領武石村江参候三ヶ村之道桐原之峯鳥が水と申所ニ而出合」（水野家史料）に符合すると考えられる。境内と参道脇の馬頭観音の存在がそれを物語ると同時に、その山越えの道の重要性も、この地に山の神が祀られる理由の一つになったと考えられる。

## 五　まとめ

お天狗様に祀られている神名をみると、それを信仰してきた村と人々の心の有り様がうかがわれる。現在の社殿の配置としては〈伊雑大神〉を掲げつつ〈蠶影大神〉を中心に置き、摂社として里山と深く結びついた村の生活や産業に関わる神を祀る形となっている。〈伊雑大神〉は天照大御神を祀るとされ、民族の祖神ともいえる。〈大山祇尊〉及び山岳信仰の〈三峰大神〉は身近で生活に利用してきた里山、天狗山そのものに対する信仰を示しているといえよう。〈金山彦命〉は元々鉱山・鍛冶・金物の神であるが、広く金運隆昌、開運招福のご利益があるとされる。〈蠶影大神（こだまさま）〉は、文字通り養蚕の神である。江戸時代においては、藍（藍玉）と藍の染め物が主要な生産物であったが、明治時代になり、富国強兵策を受けて養蚕が最盛期を迎える。明治三十七（一九〇四）年に山邊小學校で作られた歌「山邊の里」には、当時の山辺の産業として、

晨に星をいたゞきて
夕に月のかげを踏み
人、生業をいそしめば
みのる五穀は豊かにて
蠶飼（こがひ）のわざもうち開け
篶（みすず）細工の名も高し。

と歌われている。〈蠶影大神〉を祀ることは、上金井においても、藍に代わって産業の中心的存在となった養蚕の重要さを反映したものと考えられる。

棟札についてとくに注目すべきは、2　金山彦命社の棟札Aである。2―Aは表に「奉立替金山彦命」、裏面に「時惟文正夂五壬午年八月八日吉辰」とある。これは、これまで確認されていた「弘化四（一八四七）丁未年」を二十五年遡る。しかもこの文政五（一八二二）年は、社殿建替えが行われた年なので、金山彦命社の創建はそれよりもさらに遡ることが判明した。（写真④⑤）

また、3の豊受の御饌津大神社の棟札Aには「奉葺替伊雑皇大神」とあることから、元の祭神が「伊雑皇大神」つまり「天照大御神（伊勢神宮内宮の祭神）」であり、Dの昭和の棟札で初めて豊受大神（伊勢神宮外宮の祭神）が合祀されたことがわかる。これは、現在の1の社殿のあり方と関連し、改めて検討が必要な事項である。

写真④　金山彦命社　練札Ａ表

写真⑤　金山彦命社　練札Ａ裏

３—Ａの年号については「文正攵十二己丑年九月十二日吉日」とある。文政十二（一八二九）年に社殿の屋根の葺替えが行われたことがわかる。これは今回確認された中で２—Ａに次いで古い年号である。（１—③中の棟札にも「文政十二」の文字が見える。）

また、２—Ａ及び３—Ａの文政年間の棟札からは、当時の神職が「藤原吉政」であったことがわかる。これは、４—Ａの湯神楽奉納の棟札にある祭主の名と一致する。したがって、４—Ａには年号の記載が無いものの、湯神楽の奉納は文政年間の出来事であったと推定できる。

以上により、お天狗様が、地域守護の信仰の拠り所であることが改めて浮き彫りになった。この形がいつ頃でき上がったのか、祀られた神々の先後関係も定かとはいえないが、その時代の村の実情に合った祀りがなされてきた証しと言えよう。

本調査での重要な成果は、次の二点に集約される。

(1)お天狗様の創建はこれまで伝わっていたよりも古く、江戸時代中期に遡ると推定される。棟札で確認できる最古の年号は、金山彦命社建替えの文政五（一八二二）年である。その当時、湯神楽が奉納されていたことも判明した。なお、境内の構成要素の中で確認できる最古の年号は、馬頭観音の天明三（一七八三）年である。山内の交易路「武石道」との関連からこの地が選ばれた可能性もある。

(2)1の社殿の扁額に書かれた文字は「伊雑社」または「伊雑大神」である可能性が高い。

なお、残念ながら今回の調査では、1—①及び1—③内の数枚の棟札については詳しい調査が行き届いていていない。機会があればさらなる調査を行ない、お天狗様の歴史や祭祀の経緯をより明らかにし、御柱祭や山の講等「山の神」の側面も掘り下げた考察を深めたい。

〈参考資料〉

山邊小學校「山邊の里」明治三十七年十二月一日（復刻版　二〇〇三年一月　山辺歴史研究会）
信濃史料刊行会『信府統記』一九七三年十月
金井圓『講演　故郷山辺史話―山辺でとれたもの―私の研究史回顧』松本市立山辺中学校校舎改築並びに開校三十周年記念事業実行委員会　昭和六十二年十月三十一日（講演会日付）

金井圓『地方史のとびらを開く―随筆・信州と私―』フマニタス選書9　一九八九年四月十五日　北樹出版
『松本市史　第四巻旧市町村編Ⅳ』平成六年九月三十日
臼井光裕「武石道通行をめぐる一考察」『松本市史研究　第6号』（非売品）　平成八年三月三十一日
里山辺公民館『館報 さとやまべ　合冊版』平成八年三月一日
山家民俗誌刊行会『山家民俗誌』平成八年四月二十日
金井守「町会の守り神『お天狗様』」松本市公民館報第三二四号［里山辺版］さとやまべ　町内公民館お宝紹介 上金井町会　平成二十三年十一月三十日

# 五章　コロナ禍中の御柱祭

## ——何を守り、何を置き換えたか——

## 一　はじめに

令和四（二〇二二）年寅年は、いわゆる「御柱年」である。諏訪大社をはじめ長野県内各地の神社で御柱祭が斎行され、春は三月後半から五月にかけて、毎週末県内のどこかで御柱祭が曳き建てられる。秋には諏訪地方の小宮や周辺地域、そして翌年の松本平まで、まさに長い御柱シーズンの最中である。

ところが、この御柱祭に大きな影を落としたのが、二〇一九年末から流行している新型コロナウイルス感染症の流行（本論ではこれによる様々な影響を含めコロナ禍と記す）である。この感染症への対策としては、集団感染を予防することであり、「三密（密集、密接、密閉）」を避けることが第一とされた。これに照らすと、祭礼行事は密の条件がそろってしまうことになる。全国の祭礼は、神輿や山車、屋台の曳行などの行事はほとんどすべてが中止、神事のみの斎行が続くこととなり、行事の継承にも関わる事態と懸念されている。

その中で、二〇二一年に予定されていた県内の代表的な式年行事である善光寺の御開帳が、一年延期されたことは話題となり、他の寺社行事に影響を与えることとなった。また翌年に予定されていた諏訪大社の御柱祭にも関心が集まり、県内の御柱祭斎行神社は、諏訪大社の動向を一つの指標とすることになった。

筆者は、とくに松本平の御柱祭の、諏訪と異なる様式や木遣りを中心に調査をしている。[1]二〇二二年春は、七神社の御柱祭を見学・調査する機会を得た。コロナ禍にあって、感染症対策をし、参加人数を絞る等の対応はもちろんとして、行事の一部を別の方法に置き換えるなど、工夫を凝らしている様子がうかがわれた。

いまだ御柱年の最中であるが、七神社の御柱祭のあり方から、コロナ禍中の御柱祭が何を守り、何を置き換えていたのかを整理してみたい。そうすることで、祭りの本質の一端が見えてくるように思うからである。

## 二　諏訪大社の実施状況

二〇二二年二月二十二日、諏訪大社御柱祭安全対策実行委員会より、山出し（上社木落し、川越し、下社木落しを含む）の中止が発表された。[2]柱の曳行はトラック運搬に代わり、有料観覧席の販売も中止となった。

全国的に見ると比較的感染状況が落ち着いていた長野県も、二〇二二年の年明けから感染者が増加、一月二十七日から二月二十日までの間「まん延防止等重点措置」が適用された後、適用が延長された中の判断であった。[3]感染状況の推移をにらみながらの諏訪大社の対応は世間に少なからぬ衝撃を与えた。

「まん延防止等重点措置」は、三月六日をもって解除となったが、未だ安心できる状態とはいえず、里曳きの斎行方法の行方が注目された。しかし、諏訪大社上社御柱祭安全対策実行委員会は、四月十三日、里曳き（上社―五月三～五日、下社―五月十四～十六）を「氏子による曳行」と発表した。これには、かねて設定していた御柱大祭実施に関するガイドラインに、里曳きの日程を前回から変更し、人力曳行をしても密になりにくい素地を準備していたことが理由の一つとなった(4)。

七社の御柱祭は、諏訪大社のこうした動きと並行して斎行された。諏訪とは規模も立地条件も異なる各神社が、大社を参考にしつつ、どのように斎行したか、次節で詳しく述べる。

## 三　七社の実施状況

県内で御柱祭を斎行する神社の全体数は非常に多く、正確には把握されていない。これまでの調査によると諏訪地方を除く地域で二百を超えるとされる(5)。これに諏訪地方の小宮を加えると相当な数になる。その中で私が伺った神社は、南から、程野正八幡宮（飯田市上村）、大磧（たいせき）神社（大鹿村）、三輪神社（辰野町）、平沢諏訪神社（塩尻市木曽平沢）、麻衣廼（あさぎぬの）神社（塩尻市贄川（にえかわ））、神田千鹿頭神社（松本市神田）、林千鹿頭神社（松本市里山辺）である。これらの神社を選んだ理由は、それぞれ地域に応じた特色を持ち、特徴的な木遣りが存在するという情報を得ていたからである。（本章では木遣りの分析については一旦措く。）

七社に共通する点としては、いずれも、山里の起伏の多い地形に位置しており、比較的規模の小さな御柱祭であるということが挙げられる。これまでも少子高齢化による祭の担い手不足に悩みながらも、従来から伝わる祭の形式を維持してきた神社である。そこに起こったコロナ禍により、さらなる対策と工夫が加わることとなった。

聞き取りによると、準備段階から次のような様々な苦労があった。

・そもそも準備のための会合がなかなか開けず苦労した。
・職業、勤務先によっては、会合等への参加を禁止されている等、個々の事情があった（医療・介護関係者など）
・お祭当日にどれだけの人が参加できるか、事前の把握が難しく計画が立てにくかった。
・親族、地元出身者、近隣地域から参加者（とくに御柱の曳き手）を集めたいが、声をかけにくく、参加者も参加すると言いにくい雰囲気があった。
・木遣りの練習の機会が限られた。
・学校でクラスターがしばしば発生していたことにより、子どもの参加ができなかった。

七社の実施状況を簡単にではあるが表にまとめてみた。前に挙げたような準備作業や、それぞれの神社に特有の細かな神事・行事もあるが、人々の目に大きく触れる山出し、里曳き、建御柱に注目し、どのように行ったかをまとめた。その中で、前回（二〇一六年）と今回を比較し、今回変更になった部分には網掛けをして表示した。
　この表を読み取り、各神社において何が守られ何が置き換えられたか、次節で詳しく見ていきたい。

〈コロナ禍中の御柱祭実施状況〉

| | 御柱本数 | 山出し | 里曳き | 建御柱 | 備考 |
|---|---|---|---|---|---|
| 諏訪大社（上社・下社） | 各4 | トレーラーによる運搬 | 人力曳行 | 人力建立 | 日程は柱により異なる |
| 大積神社 | 2 | 2021/11 斧入れ（伐採）<br>2022/3/13 山出し<br>重機牽引 | 2022/4/10<br>西の御柱　重機牽引<br>東の御柱　人力曳行 | 2022/4/10<br>人力建立（神楽桟使用） | |
| 林千鹿頭神社 | 2 | 2022/3/18 伐採<br>根掘り、皮むき：手作業<br>2022年4月17日<br>重機牽引曳行 | （2023/5/3 人力曳行予定） | （2023/5/3） | 2022/2/23 山出し重機使用決定 |
| 三輪神社 | 4 | 2021/9/4 斧入れ（伐採）<br>2022/3/20<br>御柱：車両運搬<br>氏子：御幣を担いだ青年会を先頭に行列 | 2022/4/23<br>トラック運搬<br>御幣を担ぎ行列 | 4/25　人力建立 | 4/24 冠落とし |
| 神田千鹿頭神社 | 2 | 2022/4/24<br>車両運搬 | （2023/5/3 人力曳行予定） | （2023/5/3） | 2022/2/23 山出し重機使用決定 |
| 程野正八幡宮 | 1 | 2021/11 山出し祭<br>車両運搬 | 2022年4月30日<br>人力曳行 | 人力建立 | 2022/4/15 人力曳行決定 |
| 平沢諏訪神社 | 4 | 2021/10/10 山出し<br>車両運搬 | 2022/5/3〜4<br>一、二　重機車両牽引<br>三、四　車両運搬 | 2022/5/4<br>重機持ち上げ | |
| 麻衣廼神社 | 4 | 2020 見立て<br>2021/10/17<br>車両運搬 | 2022年5月14-15日<br>一、二　人力曳行<br>三、四　重機車両牽引（一部車両運搬） | 人力建立 | |

程野正八幡宮御神輿の御柱先導

## 四　何を守り何が置き換えられたか

守られたものの第一は、言うまでもなく神事である。表には項目として載せていないものの、各行事の開始と終了時にはその都度神事がある。当然と言えば当然なのだが、神事は省略されることはなかった。程野正八幡宮では、神社から置き場へ御神輿が御柱を迎えに行き、御柱はその御神輿に先導されて曳行されるが、その行列も通例通りであった。

次に挙げられるのは、細かな手作業である。例えば、三輪神社以外の六社は、伐採した木の皮をむいて木作りをする。この皮むきは昔ながらの道具で行い御柱の表面を美しく整える。また、林千鹿頭神社は他の六社とは異なり、木を根から掘り出して伐採し、根元を大きく残した

麻衣廼神社四本並びの建御柱

木作りをする。そのためには、伐採前に根元の地面を深く掘り下げる「根掘り」という作業をする。細い根の間に入り込んだ小石の除去などがあり、手作業が必須である。

また、行事を行う場所の立地条件や境内の広さの関係で、重機やトラックの使用が不可能である場合は、これまで通り人力で行わざるを得ない。程野正八幡宮、麻衣廼神社の建御柱などがそれにあたる。

もう一つは木遣りである。木遣りは、木場の仕事歌に由来する、木を曳き出す際の合図である。柱が動くときには木遣りをやる、あるいは木遣りなしでは柱は動かないと言われる。人力曳行が叶った神社でも、重機曳行になった場合でも、木遣りは御柱の動く際各所で聞かれた。

神田千鹿頭神社では、山出しが車両使用になり木遣りの回数も減らしたが、厳選した要所で

林千鹿頭神社御柱重機牽引

林千鹿頭神社到着木遣り

木遣りが唄われた。置き場へ到着の際は、車両輸送を「紅白祝いの御神輿に　揺られ揺られて神田橋」と表現し、作法に則った木遣りで締め括られた。麻衣廼神社では四本の御柱のうち一と二の御柱は人力で曳き、三と四の御柱はそれについていく形で重機が引っ張った。人の曳き手を木遣りで励ますのは当然として、重機曳行ながら進行と停止を繰り返す御柱が動こうとする時には、やはり三と四の御柱に対しても、丁寧に木遣りが唄われていた。「曳き手」が変わっても、木遣りがその役割を果たしていたことが印象に残った。

一方、置き換えられたものは、移動、運搬に関わること、すなわち曳行の方法であった。御柱祭の過程の中でも、山出し、里曳きは大人数を必要とする。そのため、少子高齢化による曳き手の減少はコロナ禍以前から問題となっており、各神社の実情に合わせ、少しずつ置き換えが検討されていたものが今回一気に進んだものともいえよう。

神田千鹿頭神社到着木遣り

また、建御柱も、クレーンによる吊り上げや、油圧ショベルで持ち上げ建て穴に挿し込む方式など、様々な方法が見られた。携わることのできる人数が限られる場合、特に危険が伴う建御柱は、より安全な方法を求めるため、機械化されることに理解を得やすいようであった。

木曽平沢諏訪神社氏子町内での木遣り

大磧神社東の御柱

三輪神社御幣の行列

そうした状況の中でも興味深かったのは、とくに里曳きにおいて御柱曳行の全てを重機やトラック運搬に置き換える例がなかったことである。木遣りの例で述べた麻衣廼神社のほかにも、木曾平沢諏訪神社では三、四は重機で神社まで運んだが、一と二は、重機曳行ながら一本ずつ二日間かけて沿道で見守る氏子たちにその姿を見せながら通例の曳行路をゆっくりと進んだ。大碃神社でも東西二本の御柱のうち一本は人力で、一本は重機で曳行した。

三輪神社では、四本全てをトラック運搬したのだが、里曳きの日、氏子たちも一気にお宮に移動したのではなかった。例年のコースを、本来ならば御柱に取り付けて曳行する大きな御幣を若い衆が担ぎ、地区旗の先導で、絶えず木遣りを唄いながら行列した。休憩所や沿道では、神賑わいの花笠踊りや長持も披露された。御柱こそ曳かないものの、時間をかけて行列を行なうことで、見守る人たちからもお祭りの気分が味わえたという声が聞こえた。トラック運搬により日程短縮も可能だったと思われるが、そうはせず、いわば、わざわざ時間と手間をかけて例年に近い曳行の形を残したのである。興味深い会話もあった。ある神社で、他社の様子を話しているときに、重機やトラックで「曳いていたか、運んでいたか」を気にしていた。重機を使っても、それなりに時間のかかる曳行が好ましいと思われたようであった。さらに両者の違いを考えると、御柱が氏子町内の道を曳かれた場合、通過した後には、地面で削れた一筋の御柱の「痕跡」が残っているのを目にする。この痕跡が町内に刻まれることにもまた意味があるのではないか。

御柱とは何かを考えるとき、小川直之氏は諸説を整理し折口信夫の「宮殿表示説も含めた結界占地表象説」を支持しつつ、延喜式にある「大殿祭祝詞」や「祈念祭祝詞」を引いて、御殿の造営の際に、木を伐り出し運んで宮を造営する過程を述べることが言祝ぎになっていることと関連付け、その重要性を指摘している。(6) すなわち、木の伐り出し、曳行、建御柱という過程を着実に踏むことが、氏子の祝賀の表現に繋がると解釈できよう。この意識が、御柱曳行の全面的な置き換えではなく、部分的な置き換えとさせたと考えられる。

## 五　労を厭わぬ奉仕

部分的な置き換えであえて人力での御柱曳行を行なった背景を考えるとき、神事の例とは異なるが、『万葉集』の歌にみられる次のような表現も、参考になるのではないか。万葉集では、立派な宮殿を造営するときにしばしば「宮柱太敷き奉り」（巻六・一〇五〇）という表現が使われる。日本最初の本格的な古代都城であった藤原京の宮殿、藤原宮の造営に奉仕した役民の歌（巻一・五〇）に「……石走る　近江の国の　衣手の　田上山の　真木さく　檜のつまでを　もののふの　八十宇治川に　玉藻なす　浮かべ流せれ……」と、近江の国の田上山から檜の用材を伐り出し、筏にして宇治川に流し運搬する様子が宮の造営の象徴として詠まれる。さらには「……そを取ると　騒く御民も　家忘れ　身もたな知らず　鴨じもの　水に浮き居て　我が作る　日の御門に……」と、民が家族も自分の身をも顧みずに、鴨のように水に浮きながら用材を集め造営に奉仕する様子も詠まれている。労力を提供すること、しかも苦労してわが身を差し出すことが、宮への奉仕であり祝意となったと解釈できる。

さらに、相聞歌には次のような表現がある。

　めづらしき人に見せむともみち葉を手折りそ我が来し雨の降らくに（巻八・一五八二）
　山科の木幡の山を馬はあれど徒歩ゆそ我が来し汝を思ひかねて（巻十一・二四二五）

「素晴らしいあなたに見せようともみじの葉を手折って私は来ましたよ、雨が降っているのに」「山科の木幡の山を馬で越える方法はあるけれど、徒歩で私は来ましたよ、あなたへの恋しい思いに耐えきれなくて」と詠む。どちらも、わざわざ雨の中を、あるいはわざわざ徒歩で苦労して、思いを寄せる相手の元にやってきたことを述べ、それが相手への思いの強さの表現となる。安易な方法に頼らず、労を厭わぬ行動が「真心」として相手の心に働きかけるという意識は、対象を敬い奉仕する意味で、神事にも繋がるものがあるのではないか。

すなわち、置かれた状況でできる限りの手を尽くすことに価値を見出しているのであって、そうせずに済ませることを良しとしないということなのではないか。氏子たちは、全て置き換えてしまうことで祭を簡略化する道は選ばなかった。限られた人数、でき得る範囲で通例の方法を維持し、時間と労力を氏神様の祭に捧げたと理解できるのである。

## 六　おわりに

コロナ禍中の御柱祭において、何を守り、何を置き換えたかという視点で御柱祭を見直してみた。守られたものは、一つ一つ理由があり、当然守られるべきものであった。一方で、置き換えられたものは、御柱祭から感染が拡大することがあってはならないと判断されたもので、多くの人手を要する、時間がかかるものであった。しかしそれぞれの神社の実情に合わせ、できる範囲で手をかけ、あえて従来通りの形を残していた。

苦労して曳き建てることが神への奉仕につながると同時に、氏子にとっては祭のやり甲斐になっていたとも見受けられた。

ところで、極力参加者を絞った今回の御柱祭は確かに淋しいものであったかもしれない。しかし、それを普段とは異なる視点で見つめる方たちがいた。ご近所同士誘い合って御柱を見に来ていた女性たちである。普段ならば振る舞いの準備や接待で忙しいところ、「初めてゆっくりと御柱を見たよ」と喜んでいたことも今年ならではの風景として記しておきたい。

御柱祭はなおも続いていく。林千鹿頭神社、神田千鹿頭神社では山出しされた御柱が里曳きを待っている。コロナ禍の状況は改善の方向に向かっているように見える。このまま世の中が落ち着きを取り戻し、心置きなくお祭の日を迎えることができるよう祈念している。

（二〇二二年六月十日・記）

〈注〉

1　本書第一部参照。

2　諏訪地方観光連盟御柱祭観光情報センター　御柱祭公式サイト　二〇二二年二月二十二日　https://onbashira.jp/news/95/

3　新型コロナウイルス感染症長野県対策本部「「まん延防止等重点措置」の適用に伴う長野県の取組方針」長野県公式サイト　令和四年一月二十六日　https://www.pref.nagano.lg.jp/hoken-shippei/kenko/

kenko/kansensho/joho/documents/mannenboushitorikumihousinn.pdf

4 諏訪大社上社御柱祭安全対策実行委員会「令和四壬寅年諏訪大社御柱大祭実施に関するガイドラインにおける上社御柱祭里曳き実施に係る別途付記事項」 御柱祭公式サイト 令和四年四月十三日 https://onbashira.jp/wp-content/uploads/2022/04/onbashira_kamisya_sato_0413.pdf

5 長野郷土史研究会『長野』３０５号 二〇一六年十二月、伊那史学会『伊那』二〇一〇年三月号、二〇一六年八月号等の成果による。

6 小川直之「御柱祭をどう考えるか」『伊那民俗研究』第29号 二〇二一年三月

# あとがき

　本書は、松本平の御柱祭について「長野県民俗の会」の学会誌「会報」「通信」を中心に、令和四（二〇二二）年までに発表した報告、論文をまとめたものです。

　御柱祭に関する用語は各神社、またそれぞれの御柱を担当する地区によって、同じ行事や役割であっても名称や呼称が異なることがあります。今となっては適切でない言葉の用い方や、用語の不統一があるかもしれませんが、一部を除き発表当初の形であることをご寛恕願います。

　また、執筆の際は多くの資料、先行研究にお世話になりました。しかし、それぞれの章の注に記したこともあり、改めて参考文献としては掲出していないこともご理解ください。


　さて、平成二十二（二〇一〇）年五月、立正大学（当時）の近藤信義先生がお声を掛けてくださり、先生の研究グループと一緒に諏訪大社上社の御柱祭を見学しました。その際、「私の故郷の松本にも御柱祭、ありますよ」とお話しました。御柱祭が諏訪大社だけでなく信州全域で広く斎行されていることは、県外では意外と知られていません。しかし、そうは言ったものの詳しい説明ができず恥ずかしく思いました。それが、私自身が松本平の御柱祭を深く知りたいと思うきっかけとなりました。

一回目は平成二十三（二〇一一）年。産土神である須々岐水神社の御柱祭に伺いました。東日本大震災の直後で、平常通りのお祭りを斎行してよいか否かが議論された年でした。デジタルカメラ一つを持ち、木遣りは聞き取ってメモをしました。

二回目の平成二十九（二〇一七）年は、須々岐水神社の御柱祭を、本格的に一年前の準備行事から順を追って見せていただきました。それと同時に取材対象を松本平の七神社に広げました。一眼レフカメラを購入し動画も撮るようになり、やがてビデオカメラも機材に加えました。御柱となる木がメリメリと音をたてて倒される様子、山を離れて里へ下る様子を初めて目にしたときは胸が熱くなったことを覚えています。

そして三回目となる今年、令和五（二〇二三）年は、二〇一九年末から始まったコロナウイルス感染症の影響を大きく受けています。準備のための共同作業は思うように進められませんでした。未だ完全な終息を見てはいませんが、感染症に対する規制も緩やかになった中で松本平の御柱祭は華やかな里曳きを迎えようとしています。

この三回の間だけでも、天災、疫病、少子高齢化やお祭りに対する人々の考え方の変化など、お祭りをめぐる環境は大きく変動しました。お祭りを担う人たちは、その一つ一つに淡々とかつ柔軟に対応し、工夫を凝らしながら「おらほの御柱」を守り伝えています。御柱祭を通して、「お祭りとは何か」を考えさせられています。

松本平の御柱祭の最大の特徴を挙げるとすれは、木遣りの文句（詞章）の豊かさではないでしょうか。どのような内容を、どのように言葉を繋いで唄いあげるのかを知ることは、元々上代文学が専門の私にとって、『古事記』の歌謡や『万葉集』の歌の成り立ちを考えることにも通ずるように思います。本書を一里塚として、今後は第一部第三章にあげたような木遣りの文句（詞章）を掘り下げて考察を深めたいと思っています。

本書をまとめるにあたり、これまで伺った全ての御柱斎行神社、宮司さまはじめ神職の皆さま、各神社の氏子の皆さま、各地域の皆さまに深く感謝を申し上げます。様々な、時には的外れな質問にも丁寧にお教えくださったり、資料を提供くださったり、本当にお世話になりました。

最初の原稿を書いてはみたものの行き場がなかった時、当時信州大学にいらした笹本正治先生が「長野県民俗の会」を紹介くださいました。笹本先生、そして民俗学には新参者の私を受け入れ多くの発表の機会をいただいた長野県民俗の会に、厚く御礼申し上げます。

口絵ページの地図は、高校の同級生である小林美代子さんの手を煩わせました。「松本平の御柱を見たい人が、それぞれの神社に辿り着けるような地図があれば」という相談に、自らも全神社を車で回り、作ってくれました。心強い友の助けでした。

ローカルな論考に目を留め、出版の労をお取りくださった株式会社鳥影社の百瀬精一様には大変お世話になりました。深謝申し上げます。

そして最後に、御柱祭を追いかけて飛び回っている私を理解し、見守り、時には一緒に神社やお祭りを訪ねて写真を撮り、記録の整理を手伝ってくれた家族に、ありがとうの気持ちを伝えます。

令和五（二〇二三）年四月

お祭りが大好きだった亡き父の誕生日に

太田（細野）真理

# 初出一覧

第一部　松本平の御柱祭

一章　須々岐水神社の御柱祭
『長野県民俗の会会報』35号　二〇一三年十一月

［付帯資料］須々岐水神社御柱祭関係用語集
『長野県民俗の会通信』２３８号　二〇一三年十一月

二章　松本地方の御柱祭にみる地域性　――山辺谷の木作りを中心に――
『長野県民俗の会会報』40号　二〇一七年十一月

三章　松本地方の御柱祭　――木遣りとその詞章にみる地域性――
『ことばと文化』9号（長野・言語文化研究会）二〇一八年四月

第二部　松本平の御柱祭をめぐる周辺の話題

一章　松本ロゲイニングへの木遣り参加　――伝統芸能の可能性――
『長野県民俗の会通信』２６９号　二〇一九年一月

二章　松本四柱神社えびす講　――まつもと郷土芸能まつりに参加して――
『長野県民俗の会通信』２７０号　二〇一九年三月

三章　小谷村の式年薙鎌打ち神事　――諏訪大社御柱祭に先駆けて――
『長野県民俗の会通信』２５４号　二〇一六年七月

四章　上金井のお天狗様
『長野県民俗の会通信』２８３号　二〇二一年五月

五章　コロナ禍中の御柱祭　――何を守り、何を置き換えたか――
『長野県民俗の会通信』２９０号　二〇二二年七月

〈著者紹介〉

太田真理（旧姓 細野）
1961年諏訪市に生まれ松本市で育つ
京都女子大学文学部卒業
信州大学大学院修士課程修了
フェリス女学院大学大学院博士後期課程単位取得満期退学
博士（文学）
現在：清泉女子大学、東京未来大学非常勤講師
専門：日本上代文学（万葉集）、民俗学
主な論文：
「フィールドから読む『万葉集』」（上野誠他・大浦誠士・村田右富実編『万葉をヨム―方法論の今とこれから』（笠間書院　2019）
「近現代文学のなかの万葉集」「【コラム】ポップカルチャーと万葉集」（上野誠・鉄野昌弘･村田右富実編『万葉集の基礎知識』（角川選書650）2021/4）〈分担執筆〉
「『万葉集』七夕歌の所伝と応用―信州松本の七夕短冊書付歌をめぐって―」（『美夫君志』第104号2022）
「松本市山辺のお船祭り―二輪のオフネの意味と位置づけ―」（『長野県民俗の会会報』44号　2021）

〈口絵地図〉

小林美代子

松本平の御柱祭



2023年 5月10日 初版第1刷発行
著　者　太田真理
発行者　百瀬精一
発行所　鳥影社 (choeisha.com)
〒160-0023 東京都新宿区西新宿3-5-12トーカン新宿7F
電話 03-5948-6470, FAX 0120-586-771
〒392-0012 長野県諏訪市四賀229-1（本社・編集室）
電話 0266-53-2903, FAX 0266-58-6771
印刷・製本　モリモト印刷

ISBN978-4-86782-029-2　C0039